餐饮企业
立体运营实战

CANYIN QIYE LITI YUNYING SHIZHAN

姚儒国◎著

SPM
南方出版传媒
广东经济出版社
—广州—

图书在版编目（CIP）数据

餐饮企业立体运营实战/姚儒国著. —广州：广东经济出版社，2018.6

ISBN 978-7-5454-6232-6

Ⅰ. ①餐… Ⅱ. ①姚… Ⅲ. ①饮食业-企业管理-运营管理Ⅳ. ①F719.3

中国版本图书馆 CIP 数据核字（2018）第 075652 号

出 版 人：李　鹏
责任编辑：蒋先润
责任技编：许伟斌
装帧设计：回归线

出版发行	广东经济出版社（广州市环市东路水荫路 11 号 11～12 楼）
经销	全国新华书店
印刷	广东新华印刷有限公司 （广东省佛山市南海区盐步河东中心路）
开本	787 毫米×1092 毫米　1/16
印张	14.25
字数	217 000 字
版次	2018 年 6 月第 1 版
印次	2018 年 6 月第 1 次
印数	1～5 000
书号	ISBN 978-7-5454-6232-6
定价	45.00 元

如发现印装质量问题，影响阅读，请与承印厂联系调换。
发行部地址：广州市环市东路水荫路 11 号 11 楼
电话：（020）37601950　邮政编码：510075
邮购地址：广州市环市东路水荫路 11 号 11 楼
电话：（020）37601980　营销网址：http://www.gebook.com
广东经济出版社新浪官方微博：http://e.weibo.com/gebook
广东经济出版社常年法律顾问：何剑桥律师

序 言

Introduction

生意做遍，不如开餐厅？别闹了

如今，已搭上互联网快车的餐饮业，被许多行业人士认为是中国实体经济中最安全的行业，不但有大把赚钱的机会，而且门槛低、回报率高。所以，很多投资者在得到一大笔闲钱后，就会想到开个餐厅——生意做遍，不如开个餐厅。

不过其结果可能是：豪气云天地进入，灰头土面地退出。更有甚者，拍着胸脯，打着保票："有钱就要开餐厅，没毛病！"但最后餐厅做出来的饭自己都不想吃了，更别提养活员工了……

有句话叫"没有不行的行业，只有不行的企业"。在餐饮行业，每天都有人在退出，也有人在进入。但为什么有的人能赚钱，而有的人却不能？

实际上，不是餐饮行业不好干，而是你不懂餐饮。在移动互联网时代，餐饮行业也深受影响，在经历着一场大的变革。所以，想开一家赚钱的餐厅，已经不是几十年前那样，租个门面，挂上招牌，就等着客人上门了。如今，即使是久经餐饮"沙场"的"老江湖"，也会因互联网的存在而倍感压力。再者，当下的餐饮业普遍的"四高一低"：房租高、原材料成本高、人力成本高、能源成本高和经济效益低，已经足以让不少投资人闻风丧胆了。

所以说，想要做好餐饮企业的运营，就得在进入餐饮行业前，做些准备：

首先，要吃透餐饮行业，深度掌握运营与活动策划的方略，即从定位、团队、采购、管理、研发、服务、营销、推广、O2O模式、品牌等多个环节把脉，做到全流程无缝管理与运营。而那种找个好位置、好厨师，把饭菜做得美味可口一些，就能赚钱的想法，是不符合市场的，也是不成熟的。

其次，市场是不相信感觉的！它有自身的规律。许多人开店都是盲目进入，开店后才面临着很多问题，如：定位是什么？核心技术是什么？商业模式是什么？怎么搞营销？这些通通都不懂……

一切跟着感觉走，就像盲人摸象一样，看不到事物的全部真相。在餐饮行业，店面每天要接待多少顾客、什么时间是高峰期、什么菜品走得好……这些都是有规律的。只有懂得从规律中发现运营问题，寻求管理之道，你才算是个一脚踏入餐饮行业的新人。

最后，做餐饮一定是讲究套路的。目前，套路最多、最深的一定是线上餐饮了。几乎每家餐馆都在往这个方面转型。市场就那么大，线下生意没多少优势，线上又跟不上节奏，那就只有等死的份了。且不说餐饮界的大哥大，但凡生意做得风生水起的店面，线上生意都做得很牛，甚至在每个运营环节，都能看到O2O的影子。

可见，想要踏入餐饮行业并赚大钱，不但要掌握一定的传统餐饮企业运营与管理知识，还要善于运用互联网思维，同时做好线上与线下的活动策划。只有将线上与线下深度融合，用两条腿走路，才能将新店开成旺店，将旺店开成品牌店。

目 录

CONTENTS

第一章　市场定位：看得清自己，才能找得到“吃货” / 1

不是行业水深，是定位太浅 / 2

店多隆市，哪里人多就往哪里开 / 4

车轮时代，不怕你远就怕你没特色 / 6

做好模仿秀，慎做市场的开拓者 / 9

顾客定位，其实就是定生死 / 12

运营策划　“门外汉”开餐厅如何逆袭 / 15

第二章　团队打造：做一流的餐饮，需要一流的队伍 / 19

好的厨师长顶半个总经理 / 20

要请对人！不是会颠锅的就是头灶 / 23

要想手艺进步快，多靠传帮带 / 26

捧着点，员工才会干劲足 / 28

悠着点，别把小弟当干活机器 / 30

踢开“搅屎棍”，要狠要快不手软 / 32

运营策划　钱要这么给，员工才更卖力 / 35

第三章　采购管理：严把进货关，降低成本是王道 / 37

学会“克扣”供应商，省下的也是利润 / 38

做好采购成本控制，杜绝吃回扣 / 40

节流是王道，做好成本核算 / 44
择优汰劣，做好供应链管理 / 47
控制成本，从源头把好物料入库关 / 50
规范采购制度，堵住采购漏洞 / 53
运营策划 采购漏洞该堵还是防 / 56

第四章 后厨管理：抓好两头，让后厨跟着前厅走 / 59

后厨也是江湖，厨房老大要轮流坐 / 60
别放任裙带关系，该插手时就插手 / 62
做好原料管理，保鲜是关键 / 64
做好卫生管理，让后厨“亮”起来 / 67
节约无处不在，学会对后厨“开刀” / 70
出菜速度慢，耽误的不只是顾客的时间 / 73
运营策划 大型餐饮企业内部厨艺大赛方案 / 76

第五章 菜品研发：可以没创新，千万别将就 / 79

撇开菜品谈创新，纯属瞎掰 / 80
不足以让人回味，算不上特色 / 82
菜品标准化，拒绝一厨一味 / 85
江湖菜做得溜，“吃货”都是你的 / 88
不怕门店小，就怕爆点少 / 90
运营策划 菜品创新设计研发方案 / 93

第六章 用餐服务：既要“美胃”，也要贴心 / 97

候餐服务要到位，让顾客等得起 / 98
点菜要有新花样，不能只靠点菜师 / 100
做好附加推荐，让顾客明白地消费 / 103
上菜，不是简单地端盘子 / 106

客人“赖”着不走，轰还是不轰 / 108
运营策划 餐饮业“微笑服务月”竞赛活动方案 / 110

第七章 顾客管理：盈亏平衡？远远不够 / 113
一张菜单就是一个盈利模式 / 114
真贵假贵，全看怎么解释 / 116
帮客人省钱就是为餐厅赚钱 / 119
单子出错，账别算在顾客头上 / 121
防跑单，客人异常行为要警惕 / 123
运营策划 顾客对卫生存疑，如何让其放心消费 / 125

第八章 宣传推广：“套路”不行，做什么都白搭 / 127
3公里推广决定餐厅的人气 / 128
试吃点评，树立餐饮店口碑 / 131
厨房直播，热闹中藏着推广门道 / 133
让微信朋友圈引爆门店人流量 / 135
做公益营销，爱心就是好口碑 / 138
运营策划 煎饼摊成千上万，缘何唯独这家火得离奇 / 140

第九章 促销策略：别用十年前的方法，赚当下的钱 / 143
借周年“搞事情”，场面要好看 / 144
展示促销，卖的就是“鲜”“活” / 148
节日促销，设定有新意的主题 / 151
变相降价，把利“让”给顾客 / 154
玩好会员制，“撩”到更多顾客 / 156
运营策划 顾客要的不是便宜，是感觉占便宜 / 159

第十章　“互联网 + 餐饮”：线下创造价值，线上创造窗口 / 163

做微信智慧餐厅，要摸准食客的嗨点 / 164
怎么做团购？“吃团购”就是“吃粉丝” / 167
跑外卖江湖，处处要防“坑” / 170
用手机 APP 引爆线上流量 / 173
私厨预约，吃什么由客户定 / 176
运营策划　通过微信玩转 10 万个会员 / 178

第十一章　品牌运营：品牌不是营销，而是自传播 / 181

行业不行？明明是你牌子太烂 / 182
要做大品牌，先要做好模式 / 185
品牌的热度要让人感觉得到 / 188
做连锁王国，招牌得先擦亮了 / 190
加盟不是抱“大腿”，一纸合约不乱签 / 193
运营策划　做品牌运营，关键要吃透这几招 / 196

第十二章　危机公关：不懂公关，谁也救不了你 / 201

公关做得再好，不如预防得早 / 202
投诉当建议，把“对”还给顾客 / 205
放任网络谣言，分分钟成灾难 / 207
顾客给差评，要聪明地“怼” / 210
面对危机，要用好黄金 24 小时 / 213
运营策划　应对有方，危机也能变商机 / 216

第一章

CHAPTER 1

市场定位：看得清自己，才能找得到“吃货”

不管是小餐馆，还是大酒店，在开店之前，投资人都要先问问自己：要开什么样的店？对手是谁？顾客是谁？顾客在哪里？……如果只凭着一种想当然的豪气与阔气，不做定位，或定位不详，或胡乱定位，经营的风险是难以估量的。

不是行业水深，是定位太浅

餐饮界流传着这么一句话："餐饮行业，每年店的倒闭概率高于20%"。也就是说，至少有20%的老板是赔钱的。虽然中国的餐饮的市场很庞大，但是随着市场的转型和竞争越来越激烈，不管是开小餐厅，还是经营大的连锁企业，都存在一定的风险。

因此，想要进入餐饮行业，一定要懂行业、会定位。

定位决定了企业的绩效，在这方面最典型的案例莫过西贝：先是师从特劳特定位出了"西北菜"，又在里斯公司定位出了"烹羊专家"，最后还是回到了最先的定位——"西贝莜面村"，门店从40多家迅速增长到200多家。

1999年，西贝在北京六里桥开了第一家店"西贝莜面村"。公司投入30万广告轰炸，火爆北京。随后在北京、上海、包头、石家庄、深圳等地开设分店。2007后，开始尝试中型门店进入购物中心、街边、城区。到2010年，门店数达26家。

2011年，特劳特中国为西贝定位为"西贝西北菜"，打出的广告语是"90%的原料来自西北乡野和大草原"。第二年，其一口气开了17家门店，结果将近一半亏损。无奈，西贝来到里斯中国寻求答案。很快，其就有了新的定位——"烹羊专家"。运营了3个月后，其发现，专程来吃羊肉的客人多了，菜的单价也上去了，但整体业绩却更糟糕了。后来，西贝不得不舍弃这个定位。

"西贝西北菜"和"烹羊专家"让西贝很闹心，原因是：实施之后业绩提不起来。于是，2013年，创始人贾国龙又将定位改回了"西贝莜面村"。

其实，不管是烹羊专家也好，烤羊专家也罢，定位本身没有错。错的是，它不符合企业的实际，容易让企业的战略走偏。对于餐饮企业来说，不切实际的定位策略，就是馊主意。一家餐饮企业如何进行市场定位，靠的不是定位理论，而是自身的实际情况。

对于普通的餐饮企业来，该如何做市场与行业定位呢？

一是要进行顾客定位。

餐饮市场有着庞大的顾客人群，一个餐饮企业无法同时满足各种不同层次消费者的消费需求。因此，餐饮企业必须进行市场细分。细分市场，有利于餐饮企业合理地选择目标人群，进而集中力量提供有特色的产品和服务。

如美国品牌麦肯基在进入中国市场时，将大、中、小城市16~25岁的青少年作为目标客户，据此定位完成品种定位、价格定位、营销策略定位、服务观念定位等，随后取得了巨大成功。

二是要进行菜品定位。

有一段时间，某品牌黄焖鸡米饭火得不像样，好多餐馆赶快换了牌子，声称自家的才是正宗的。于是，当时就出现了这样一个景象：相邻的几家店，主打招牌都是黄焖鸡米饭。一时间，家家客满为患，挤爆了头。可顾客一吃，就知道谁家的味道好、比较正宗。慢慢地，就形成了这样的一种现象：一家店人满为患，另一家店门可罗雀。

餐饮市场很大，大大小小的菜系也多得数不清，你打算做什么菜系，擅长做什么菜系，这是开店前必须要考虑的。什么菜系赚钱、什么菜系火就做什么，这无可厚非，但是在一个区域市场，更确切地说，在一个商业区，或是美食街，靠跟风赚钱越来越不靠谱。现在的顾客个个都是美食家，糊弄不得。你的这道菜如何，量足不足，味淡还是咸，色泽好不好看，人家比你还懂。所以，开餐饮店，菜品要么独一无二，要么上档次，要么有特色，要么很正宗，你至少得有一点。

三是要进行服务定位。

餐饮业就是服务业，顾客来吃饭，也是来享受服务的，如餐厅的环境，以及其他的一些个性化服务。你开个小餐厅，三五张桌子，十来把凳子，不是不行，关键是服务也要跟上。夏天热了，空调你要开着。客人点多点少，你都得面带微笑。做餐饮，不管你生意好不好，店面大不大，都得把客人当上帝。这是互联网信息时代，你得罪了一个顾客，也相当于得罪了一群顾客，利润是小事，名声是大事。做餐饮，做的就是服务，服务是能力，更是竞争力，所以对服务要进行明确定位，如提供什么样的服务、哪些是免费的、哪些是酌情收费的。

另外，对于餐饮定位，不管是个体户，还是大商户，除了要符合自身特点，适应餐饮市场变化，还要能够执行，能够落地。

店多隆市，哪里人多就往哪里开

在大多数人眼里，开餐馆尤其中是中小餐馆，门槛低、没什么技术含量，无非是找个店面，支个炉灶，然后把炒好的菜端给客人。这是一件有钱赚且很惬意的事。

其实，即使开一家很小的餐馆，也要经历很多环节，有很多琐碎的事情。只有把每一个环节、每一件事情做细了、做到位了，才有可能成功。这其中，选店面是重中之重，毫不夸张地说，店面的选址直接关系到生意的成败。

在餐饮行业中，每个人的眼力、能力不同，但基本都认同“店多隆市”。一条街上如果特色的餐厅多了，会形成店多隆市的效应，生意反而比单枪匹马更容易做。

某市新开了一家购物商场，商场四层分布着大大小小的餐饮店。老王做了10多年餐饮，觉得这里位置不错，就在此租了一个店面。果然，生意做得很红火。虽然租金比独立门面稍贵一些，但老王选择这里，是因为这里的人流量。在这个商场的4楼，像老王这么大的店面有十几家，每家店都有自己的特色，从西式到中式，从小吃到正餐，稳定的人流量加上“一站式”的美食体验，让这里的人气越来越旺。当然了，老王的生意还不是最好的，有些店在饭点总是要排长队，而有的店在高峰时的翻台率在3次以上！

虽然传统餐饮业正在遭受着互联网的冲击，但是像这家商场“购物体验+特色餐饮”的模式，是互联网无法做到的。线下错位竞争，再加上店多隆市的效应，以及更好的用餐体验，是传统店面生意成功的关键。

除了大型的商业综合体，或是购物广场，还有哪些地方容易形成店多隆市效应呢？主要有三大区域：成熟的社区、商务办公区、大型商业区（见图1–1）。

图 1–1 店多隆市效应的三大区域

一是成熟的社区：经济实惠是卖点。

如果是大型的社区，住宅小区较多，那在附近开餐馆客流是有保障的。现实情况也是如此，尤其是一些成熟的社区，周边的餐饮生意相对来说好做一些。通常，这些餐厅有一个特点，就是饭菜不是很高档，以中低档的家常菜为主，如饺子、米粉等普通大众感觉实惠的菜品与主食，尽可能做到质高、价低、量大，走经济实惠的路线。而且，餐馆环境大多朴实无华、干净明快。

二是商务办公区：特色服务是关键。

所谓办公区，是指公司办公楼、写字楼较多的区域。这些办公地点一般是临时租用的，很少备有食堂。所以，在这个区域内，到餐厅消费的主要以白领为主，其中不乏老总或中高层管理人员，他们有较强的消费能力，通常对用餐价格不是很计较，但非常注重饭菜的质量与口味。在这种区域开餐厅，应以经营中高档菜肴为主，低档菜肴为辅，同时要突出自己的特色。另外，在服务水平、烹饪水平、管理水平方面也要下功夫，力求为顾客提供一种干净、雅致、温馨的就餐环境。

三是大型商业区：方便快捷是王道。

商业区也往往是餐厅较为集中的地方，因为这里通常人流量大，客源相对丰富。虽然这些人多以购物为主，但是也有一部分人需要休闲和就餐。针对大部分顾客购物时间的紧迫和分散性，就餐环境应舒适、卫生，菜品应简单、快捷，可以适当选择经营中式快餐，或是一些小火锅、大排档等形式的餐饮。

俗话说“买卖扎堆做，日子分人过”，这也适用于餐饮业的运营管理。如果一条街的餐饮生意都很火爆，那你在这里开店，即使缺少特色，没有价格优势，生意也不会差到哪里去。许多餐厅也正是靠这种定位盈利的。如临近汽车站、火车站的地方人流量较大，在这里开个餐厅，就不愁没有客流。但这种地方一般不是想租就可以租到的。相对来说，可以选人流量大的街面开店，如步行街、购物街、美食街等；也可以选人气较旺的大餐厅所在的区域，提供同质低价或是同价质更优的菜品，做到薄利多销，同样可以背靠大树好乘凉。

车轮时代，不怕你远就怕你没特色

世界知名的餐饮连锁企业如肯德基、永和豆浆等提供给顾客的食品种类并不多，但是其中的一些特色食品，还是会唤起人们的食欲，久而久之，这些食品就成为人们心目中的特色食品。

可以说，特色菜品应是一家餐厅的核心竞争产品，所以这类产品在一家餐厅的菜单中只占很小的比例，如果道道都是特色菜，也不符合常理，更不容易让客户信服。所谓的特色菜，往往具备这样的特点：要么有名气，要么有工艺，要么有口味，要么有传统！如果这几个一个都沾不上，那就是玩噱头、炒概念，关门大吉是迟早的事。

有家火锅店生意异常火爆，来这里吃饭经常需要排号。赶上人多时，就是排号也未必能轮得上。见这家店生意如此火，仅一墙之隔的地方也开了一家火锅店，但是其生意却冷冷静静，与隔壁火锅店的火爆程度形成了鲜明的对比。到这两家店都吃过的顾客普遍反映：“新开的火锅店，不但汤味不正，料也不足，相比之下，另一家味道很正，蔬菜新鲜，底料特别有味儿，听说还是秘制的。”得到顾客的反馈后，后开店的老板想方设法做了许多改进，如尽量选用新鲜的蔬菜，汤料尽可能多给顾客，牛羊肉尽可能从正规商家进货……但收效甚微。

其实，那火锅店生意之所以火爆，秘密就在底料里，这也是它最大的特色，是别人模仿不来的。所以说，所谓的特色菜，一定要有自己的过人之处，要与众不同，如果谁都能模仿出来，那就不能称为特色了。

车轮时代，开餐厅不怕你远，就怕你没有特色。做特色菜品，必须要考虑顾客的胃口与心理偏好，而且要体现出自家的特色。具体来说，特色菜要体现出如下三个特点：

一是特点要突出。

叫的是火锅店，那就要主打与火锅相关的菜系，不要什么菜都上，也就是说，主打什么菜，要紧跟餐厅的经营方向，如餐厅的菜品是以清淡为主，还是以浓郁为主？是以山珍为主，还是以海鲜为主？主打小炒，还是主打地方特色？……一家餐厅不可能面面俱到，只有明确其中的一个方向，准确定位顾客的需求，顾客才更容易在眼花缭乱的特色餐厅面前做选择。

正所谓“术业有专攻”，同一个行业，谁能把一道菜在色、香、味、形、器、服务、营销上做到独具匠心，做到与众不同，谁就能获得顾客的认可，谁就能在竞争中占据主动（见图1-2）。如果只是将别人的菜单拿来就用，或是守着一个菜单不做一点儿变化，人家做什么，自己就做什么，从形式到内容都显不出自己的特点，那顾客又怎么能记住你的餐厅？你的餐厅又怎么能给顾客留下深刻的印象？

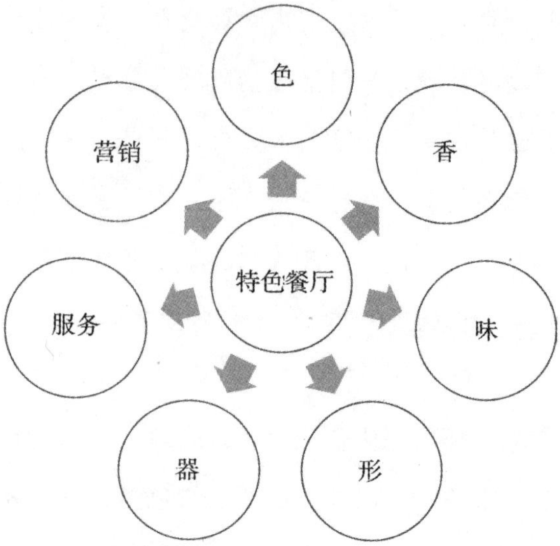

图 1-2　特色餐厅七个方面下功夫

二是风味要稳定。

同样是西红柿炒鸡蛋，王家的与张家的就不一样，即使都是王家的，由于选材、烹制方法、调料的不同，也会呈现出不同的风味。正因为这样，头一回吃了，觉得味道不错，等下回来再吃味道就变了，于是，就没有下下回了，这也是一些餐厅失去老顾客的一个重要原因。

如果说王家的西红柿炒鸡蛋，炒得不老不嫩，对于喜欢的顾客来说，这就是特色；而张家的炒得鸡蛋稍老，而顾客就喜欢这样的，这也是特色。所以说，喜欢吃不老不嫩的，可以到王家，喜欢吃稍老一点的，可以到张家。

不管到谁家吃，一道菜要尽可能保持它的风味相对稳定，尽可能让常来的顾客能够形成一种心理定式：当顾客想到某种风味，势必会联想到与这种风味相关的菜品。同样，当提及某种风味与口感，顾客自然也会想到哪家餐厅能吃到这样的菜品。

有些餐厅在这方面做得不够到位，本来好端端的一道风味菜，今天张三来了，说口味有点咸，下次便多放一把盐，明天李四来了，说味道有点咸，第二天再少放一勺盐。如此变来变去，最后就失去了它应有的风味，这样的菜就不能称之为特色菜。

三是口味要流行。

风味决定了一道菜的特色，所以不宜变来变去，但是口味就不同了，每个人的口味都不一样，就是同一个人，口味也会变来变去，吃烧烤多了想吃小炒，麻辣的菜吃得多了，想吃清淡一点的，可谓是“粗粮吃多了换细粮”。这就像人们穿衣打扮一样，流行款的穿多了，就想穿件复古的，深色的穿多了，就想换浅色的。根据顾客的口味变化，餐厅可以适时开发一些顾客喜欢吃的菜品，以满足不同的饮食偏好与口味。

由此可见，特色菜“特”就特在与众不同上，特在专业性上，特在独具匠心上。从一家餐厅特色菜的受欢迎程度，基本可以推断出这家餐厅的经营情况。也可以说，特色菜是一家餐厅的立足之本，只有把特色菜做到家、做到极致，其他的菜才会跟着热卖。

做好模仿秀，慎做市场的开拓者

在餐饮业打拼多年的老江湖都明白一个道理：永远不要做市场的开拓者。在这个讲究创新的年代，为什么餐饮业老板都信奉一种保守经营策略呢？这若是放在其他行业，是不敢想象的。

很简单，没有十足的把握，就去开拓餐饮市场，很容易出现这样的问题：步子迈得越大，就死得越快。干任何行业，开拓市场不仅意味着成本，也意味着风险。对餐饮经营者来说，你费了九牛二虎之力，不计成本把产品与服务搞出点特色，找到了一条生财之路，不出几天，大家就会模仿你，甚至只需要稍微提高一点性价比，降低一点毛利率，那你好不容易培养起来的顾客、消费群体，就搞不好全到对方那里了。最终，牺牲最大的，还是你这个开拓者。

其他行业也是如此，房地产火的时候，经常一大堆经纪公司会在一条街上扎堆开店，很多人不明白：大家都在抢生意，为什么不找一个竞争对手少的地方呢？其实，不是大家在相互抢生意，而是其他店面在抢做得最好的那家店的生意。这一点，在餐饮业表现得尤为明显。

所以说，做好餐饮不一定要有创新开拓的精神，但一定要爱学习。你做得好，肯定会有人模仿你，比如你哪道菜火了，周边的许多餐厅都会一哄而上，集体复制，随后逐渐扩散，用不了多久，进哪家餐厅都能看到这道菜。

有个老板，很喜欢跟年轻人交流，同时也系统学习过MBA商科课程，加上干过房地产的经历和有一些资金积累，可以说，他既有理论认识，也有实践资源。

曾经，他模仿了一个知名的面包品牌的装修、风格、调性，在所在的城市开了一家当地的网红店。

第一天开业，他请了很多亲戚朋友前来排队、造势。但是经营了半年以后，门可罗雀，最终倒闭了。

他实在想不通，自己资金实力也够，投入也够，各种点评营销、送券服务，之前去学习的各种管理、营销方法都尝试了一遍，但为何还是以关店亏损数百万而告终呢？

一个人成功的原因千千万，但是失败的原因，数去数来就只有几个。比如，近两年喜茶大获成功，很多人认为喜茶能够成功，我也能成功。喜茶的产品买回去一个，门头看一看，产品看一看，马上就可以模仿一个。这就像很多人看到某火锅比较火，就去开一家一模一样的火锅店。但是最终发现别人赚钱了，自己却亏得血本无归。

许多餐饮店之所以失败，不是败在跟风、模仿上，而是败在以下三个方面（见图1-3）：

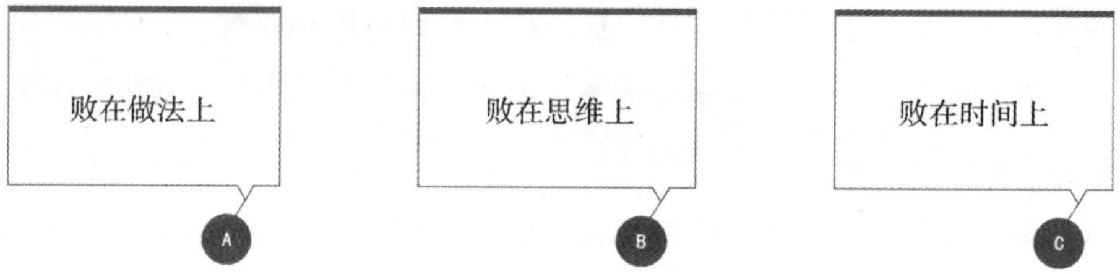

图 1-3　餐饮店失败的三大原因

一是败在做法上。

潮汕牛肉火锅曾经很火，引得许多餐饮企业跟风，但是潮汕牛肉火锅用的是“清汤”，讲求的是牛肉的“新鲜”，且对供应链管理非常严格。也就是说，“清”“鲜”“严”是潮汕牛肉火锅的特色。

在底料制作方面，跟风的店大多采用传统的做法，即根据顾客的口味，加入各种调味品进行熬制，做不到潮汕牛肉火锅的“清”。在食材选取方面，跟风的店很难做到像潮汕牛肉火锅那样“每天一头牛，现切，不过夜”，严格控制牛的来源和屠宰时间。毕竟，这需要非常大的资金投入。大多数跟风的店一次会采购许多牛肉，当天卖不完，怎么办？总不会扔掉吧！于是会想方设法把这些牛肉加工成牛肉丸或其他食材，来降低成本，但这样做会影响火锅的口味。

二是败在思维上。

在餐饮界有一句话叫：餐饮思维决定餐饮事业的成败。同样的事，不同的人做出来的结果是完全不同的。说到底，还是餐饮人的思维不一样。就拿餐饮经营来说，有人想的是怎么把营销做好，有人想把餐厅重新装修一下，有人想提高服务，有人想从菜品下功夫……每个人的想法不同，出发点不同，最终餐厅所获得的收益就不同。

三是败在时间上。

餐饮是非常讲究时间的，就像拿捏一道菜的火候，太快或太慢都不行。刚开始，首先模仿的那批餐厅肯定不会赔钱，即使不赚钱，至少也赚了人气、名气、口碑。而后来模仿的人就只能捞点汤底喝，甚至什么也捞不到了。

所以，当一个菜系、菜品，或是某个类型的餐饮热度正盛时，不要一股脑扑上去，不然别人赚的是“钱”，你撞的可能就是一堵“墙”。这个有点像股市，当某一题材的股票被炒热了，股价走高，聪明的玩家开始考虑退出时，其他玩家却在考虑跟进，这样一卖一买就显出炒股的水平了。

做餐饮需要相互模仿、互相学习，进而不断提升自己。所以，看到别人生意火的时候，要多想一想，不要急着去照搬、复制，否则就会搞得四不像。

顾客定位，其实就是定生死

餐饮经营越来越专业，聪明的餐饮人不会凡事“一把抓”，而是清楚地知道要做好顾客定位。可以说，商战不是产品之争，而是顾客心智之战。很多餐饮创始人，看到餐厅受到线上冲击，每月业绩都在大幅下滑，以至于遇到生死关头，第一反应是：是不是定错消费群体了？

如何定位消费群体，这个看似老生常谈又颇为重要的基础工作，有很多老板至今还不会做。如果有人问：“你店面的消费群体主要是哪些人？”很多老板可能会这么说：“我这个店主要针对年轻人”“我这个店主要针对的是街对面的写字楼里的上班族”“我的店主要是针对爱吃炸鸡的孩子和年轻人”……然而，如果问得再具体一些，很多老板就回答不上来了。

3年前，A先生在县城开了一家烤肉店。最近，受政策影响，公款消费的顾客没了，餐厅生意一落千丈。于是，他考虑转型，开一家面馆，因为对面有几家拉面馆、削面馆生意都不错。有朋友说：生意做熟不做生。自己做了几年烤肉，设备就投入了几十万，要是转行，还真有些不舍。所以，他找到一位专家求助，希望能得到一些建议。

专家了解到的情况是：餐厅开在居民区，一斤肉卖66块，成本是30元一斤，人均消费70元，平时前来消费的人，以喝酒者居多，现在喝酒者少了，A先生开始下调价格，还是鲜有人来。后来，他开始改善用餐环境，提升服务质量，业绩依然不见好转。

专家给出的建议是：原来吃公款的顾客多，现在顾客群消费动机变了，就需要随之进行调整，最好瞄准大众消费。

于是，A先生在专家的指导下，重新进行了顾客定位，把顾客定位改为大众消费者。为此，他进行了如下调整：人均消费定位50元，肉切成小份的，新增一些物美价廉的肉类，将大包间进行拆分，增加空间使用率。

果然，这种转型很成功，虽然原来的高端客户没有了，但餐厅很快就聚积起了人气，业绩直线上升。

可见，对餐饮企业来说，经营者如何定位消费群体十分重要，应遵循以下几点：

一是要清楚顾客是谁。

如今是互联网信息时代、智能科技时代，如果餐饮老板还停留在工业时代的思维，认为自己生产什么，消费者都会被动地接受，那么对店面来说就只有两个字——等死！

这个时代，首先要弄清自己要做哪类人群的生意，而不是试图去做所有人的生意。其次了解定位的这类人需要什么产品，需要什么样的空间设计，然后围绕其需求去设计，而不是老板认为或者是我认为顾客会喜欢，顾客就真的喜欢了。

为什么要明确顾客是谁？因为只有细分顾客人群，你才能聚焦，才能有方向地去了解他们喜欢什么、需要什么。打个比方：就好像很多店面认为顾客群是年轻的女性群体，那么根据你店面的特点，能否再具象地勾勒出这一类群体的特点呢？比如她们的年龄段、家庭情况、收入情况、子女情况等。当我们越聚焦，就能越来越清晰地知道顾客最需要的是什么，比如刚毕业的大学生需要的是社交平台、95后的女性喜欢吐槽和二次元文化等，这些都会为你赢得消费者打下基础。在具体的顾客定位工作中，可以参考5W顾客定位法（见图1–4）。

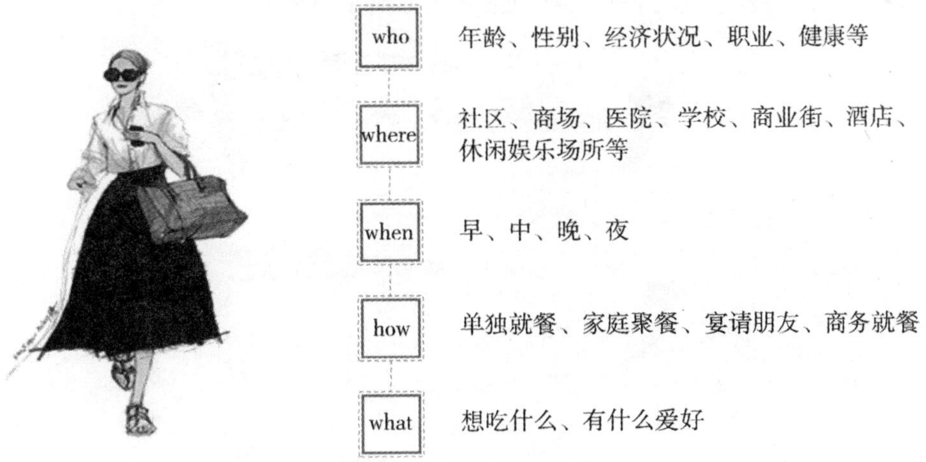

图 1–4　5W 顾客定位法

二是要清楚餐厅能给顾客创造哪些价值。

顾客高兴与否，取决于你为他们所创造的价值。这个价值有的时候是一个看似微不足道的细节，有的时候是一整套贴心的服务。

比如深圳有家咖啡馆，围绕女性聊天、女性购物等做了“1+1+1”空间布局——“咖啡店+花店+鞋店”，在满足定位人群需求的同时，大大提升了客单价，分担了现在高涨的房租成本。

又如日本有家餐厅把卫生间弄得很干净，顾客可以在里面化妆、购买生活用品，二维码扫描就可以直接支付。这一个价值点，让顾客形成了口碑传播，从而增加了餐厅的销售额。

其实，不同的餐饮业态，顾客对价值的要求也是不同的。比如快餐店，最首要的价值便是方便、快捷。快速点餐、快速吃完、快速买单，这样大部分顾客才会满意。比如很多商务楼附近的店面，这里的顾客中午只有一两个小时的休息时间，如果是等位和点餐花费大量时间，他们肯定是不会愿意去的。

三是要知道如何让顾客记住你。

一家容易让顾客记住的餐厅，有以下三个方面（见图1–5）：

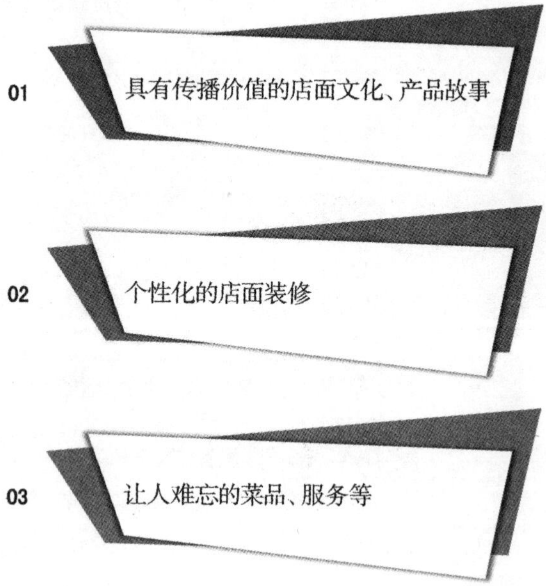

图 1–5　餐厅容易让顾客记住的三个要点

另外，与其在宣传上浪费资源，不如想办法让已经进店的顾客帮助宣传。无论是从节省成本，还是从实际效果考虑，抓住到店顾客，让他们主动帮你传播，形成良好的口碑传播，这都是十分有效的宣传方式。

总之，只有认清餐厅的主力顾客群，并更多地为顾客考虑，才能不被市场淘汰。

运营策划

“门外汉”开餐厅如何逆袭

A先生38岁，是北京一家大型企业的高管，一年前离职创业。先后做过教育、保险行业，都没有赚到钱。后来，他见搞餐饮的朋友赚了不少钱，就心动了，想试水餐饮业。之前，A先生没有任何餐饮行业从业经验。他手里有100万元闲置资金，然后花十几万在大学城附近盘了一个100平方米的店面，年租30万元，另有10万元转让费，10万元的装修、设备、家具等硬件投入，其余50万元做流水，保证餐厅3个月没有生意，也能正常经营。

为了保证餐厅的正常运营，他进行了全盘考虑，着重策划好四大环节（见图1-6）。

图1-6 餐厅全盘策划需注意的四大环节

首先，确定商业模式。A先生不满足只开一家店，所以在商业模式的选择上，他倾向于连锁模式，即先开一家总店，将其产品标准化，然后再复制、推广，吸引实力商家加盟。

其次，进行店面选址。在店址选择上，A先生很讲究，之前，他详细地计算了多家店面的人流量、租金成本，并对附近的消费群体进行了评估，最后得到出的结论是：选择在大学城附近开店，不但人流有保障，客户定位清晰，且租金便宜。

再次，组建核心团队。因A先生没有餐饮经验，他考虑先让朋友介绍一些懂餐饮运营的人才做自己的助手，专门负责选址、谈判、进场、验收等工作。然后组建厨师团队与员工团队，在找大厨时，他并没有把宝全押在一个人身上，同时也找了一个“备胎”。

另外，策划宣传思路。针对周边的主要客户群体是学生，A先生计划采取有针对性的宣传方法：凭学生证吃饭享8折优惠。同时，顾客可以给周边的人发邀请函，不过要限量。受邀请者拿着邀请函来吃，享受免费赠送一个菜，或者全免。当然，吃过后会让顾客在网上图文并茂地宣传，而且宣传还有积分奖励，积分也能当钱花。

依照这个运营思路，A先生的生意红红火火，一年就开了5家分店。

有句话说“内行看门道，外行看热闹”。餐饮这个行业，内行如厨师、餐饮管理者去开店都不一定成功，外行成功逆袭，必须要有两把“刷子”。没有“刷子”怎么办？必须去学，去借鉴。尤其是新手开餐厅，对一些核心问题必须要有清晰的解决思路。

一是解决钱和人的问题。

“兵马未动，粮草先行。”开店肯定需要一笔不小的资金。要开一家30~50平方米的小店，起步资金10万元是必需的。另外，餐饮是个高压行业，一个人扛所有问题是很难受的，所以可以找几个靠谱的伙伴合伙。对于员工招聘，如果早期有合伙人，那么合伙人就自己干小二、跑堂、大厨之类的工作。如果需要招聘，除了网络招聘、店面张贴招聘信息等方式，还可以到特定店铺挖人。

二是解决类型与特色的问题。

做西餐、快餐，还是中餐？这是开餐厅之前必须要明确的事情。当前，生意相对比较好做的餐厅类型有：海鲜餐厅、牛排餐厅、家庭餐厅、休闲餐厅、民族餐厅、比萨店、三明治店、咖啡店、面包店等。在特色方面，一定要有自己的东西，不要人家供应5毛钱一个的馒头，你也一样供应5毛钱一个的馒头，这样你就会陷入低价竞争的价格区。你完全可以销售1元钱一个的，而方法就是你在原有5毛钱一个的馒头中加入一点麻油、葱等。这就是一个做特色的思路。

三是解决选址与装修问题。

选店，10万元的资金量基本不用考虑黄金地段。对于新手来说，可以考虑接手转让的门店，因为转让门面各项条件都是现成的，这可以省一些装修、设计、厨房改造的钱，否则，对早期创业者来说，这笔费用也是难以承受的。如果地段一般，也可以考虑租店面，然后自己搞装修。不管是租，还是接手别人转让的餐厅，有一点很重要，那就是刚开始做小餐馆要学会“凑热闹”，不要选择偏远或者人流少的地方。在装修上，不要太豪华，不要追求一步到位。这样即使生意受挫也能调头，降低经营风险。

第二章

CHAPTER 2.

团队打造：做一流的餐饮，需要一流的队伍

都说餐饮业是一个劳动力密集的行业，这里人多嘈杂，且服务人员学历不高，很难管理。其实不然，优秀的团队总能吸引优秀人员的加入。如果一个餐饮团队的服务人员不行，说明领头人也好不到哪里。总之，做团队管理，你不一定是全才，但要想像雁群的头领一样带领大家一起往前飞，一定要懂得如何去打造一支一流的团队！

好的厨师长顶半个总经理

厨房的管理水平和出菜质量，直接影响到餐饮企业的经营及效益。这其中，厨师长扮演着十分重要的角色。

如何找一位称职又有能力的厨师长？这是让许多餐饮老板最头疼的问题。许多老板不懂烹饪也不懂经营，总觉得找个有能力的厨师长就能把生意做好。结果，自己被厨师长牵着鼻子走，变成了“风筝”，厨师长反倒变成了“拉风筝线的人”。这样就会导致一个结果：厨师长为所欲为，想怎么做就怎么做！

王老板做了20多年餐饮，他最大的感悟是：生意不难做，但是人难用，尤其是管理人员。他刚做餐饮时，对后厨不是很在行，为了省心，就高薪请了厨师长来打理，什么事都包给厨师长。很快，厨师长就变成了二老板，且经常不穿厨师服，不戴白帽子，还成天背着手在厨房里绕两绕。最终，厨师长的菜也不炒了，事也不做了，但工资拿的却是最多的。很快，整个后厨就变得不和谐。无奈之下，他只得劝退厨师长，还给了对方一笔赔偿金。可再请新的厨师长，过一段时间后，还是会出现类似的问题。

王老板也在想，是不是自己的甩手做法，助长了厨师长的一些坏毛病？后来，他加强了对厨师长的考核与管理。但是，有的厨师长一不开心，就拿涨工资来“要挟”他，让他很难办。甚至在生意不好的时候，还发生过厨师长带着一群厨师集体跳槽的事情。所以，现在王老板聘用厨师长，除了注重对方的职业技能，更看重对方的厨德。

厨房是餐厅中的重要生产部门和技术部门，担负着繁重的生产任务，人员稳定是餐厅出菜质量的重要保证，而厨师长在厨房管理中担负着重要的职责（见图2-1），如果在平常的管理中，厨师长能帮你做到以下几点，那就相当于半个总经理了。

图 2-1 厨师长五大岗位职责

一是人员管理：纪律和温情并重。

好的厨师长能够按经营规格和工作质量决定厨房工作人数。根据经营情况灵活调配人力，知人善任，合理安排，人尽其才，分工合作，劳力均衡。同时，要尽量用制度管人，健全厨房五常管理制度、标准化生产制度、原料验收制度、食品留样制度、原料申购制度、食材领用制度、厨房盘点制度、厨部员工培训制度、员工休假制度、厨房设备保养制度、菜品创新制度等。

所以，在聘用厨师长时，要多了解其工作方法。比如，有些厨师长情商、能力很高，在工作中管理较低层次的厨师，善于用“权”，能按程序办事；管理水平中等层次的厨师，能够合理安排职位，让他们踏踏实实地跟着自己干。他们善于运用“严”与“爱”相结合的方法。工作中“严”，会通过对员工的要求、评价和赏罚来体现；而对员工的“爱”，会通过对员工的尊重、理解和关心来体现。在厨房管理工作中，这些厨师长能因人制宜地去关心和要求员工，能把员工“个人的事”与“企业的事”联系起来考虑，那么员工也就会把“企业的事”当作自己“个人的事”，尽心尽力地去完成各项工作。

二是团队管理：对外塑形象，对内重培训。

优秀的厨师长，一定是善于后厨的团队建设的。在餐饮企业，每个员工都代表团队的形象。优秀的厨师长对员工的要求很细，要求后厨员工：个人要讲卫生；工作服要干净整洁，不能油迹斑斑；头发不能过长；工作帽要戴整整齐齐等。同时，也会为后厨员工提供更多学习、培训的机会，以及搭建经验分享平台，让大家创造出学习的良好氛围。

三是卫生管理：做好监督与奖惩。

后厨脏乱差，是做餐饮的大忌。厨师长的一个重要职责，就是要做好餐厅的卫生管理工作。在对厨师长进行聘用或进行业绩考核时，要明确他的相关职责，如地面无积水和杂物、墙壁上无污垢、灶台明亮、灶台上物品摆放整齐、砧板上无油迹残渍、下水道通畅无阻、水台间菜品摆放有条理等，这些都是基本的要求。

一个优秀的厨师长，他知道如何做好卫生管理工作。在具体的工作中，他会制定一些卫生管理制度，并安排一定人员做监督，如由厨房各档口的值班人员组成“卫生检查小组”，根据厨房管理制度，在每天晚上下班的时候，对打荷炉头、调料瓶、油锅、地面、墙壁是否清洁合格做检查。检查小组要为每一项打分，如每月有不合格3次以上要给予罚款，月底评出卫生先进小组，给予奖励。

四是出品管理：既要标准，也要创新。

好的厨师长能够对菜品的质量进行有效控制，既要保持菜品的色泽、形状、口味等的稳定性，又要根据顾客需求创新菜品。如在实际工作中，要求厨师长首先制定出制作各种菜品的质量标准和流程，并经常进行监督和检查，确保菜品既符合质量要求，又符合成本要求。厨房制作系手工操作，其经验性较强，且厨师个人烹饪技术有差异，而厨房是以分工合作方式制作，如果厨师各行其是，会致使客人无法把握你的质量标准。这就需要厨师长来做好相关管理工作。

同时，在出品的标准之上，厨师长要加强厨房的创新。根据一年四季的不同时令，推出季节性的菜肴，或者定期推出新式菜单确保相同的客人、在不同的时节品尝到不同的口味。

五是安全管理：消除各种问题隐患。

后厨安全无小事。我们经常在电视、网络媒体上可以看到一些餐厅失火，或是发生燃气泄漏等新闻。实际上，这些问题都是由于管理不善引起的，而且多发生在后厨。因此，厨师长必须有安全管理意识。在具体的工作中，要制定或细化安全管理制度，如厨房内严禁吸烟，因为厨房是工作重地，一只烟头就有可能酿成大祸。再如，经常要检查开关、插座是否老化，以免出现由于电器、电路引起的火灾等。

以上五方面的管理工作，是一个厨师长的核心职责。餐饮企业在聘用、考核厨师长时，要着重考虑上述几个方面。

除此之外，厨师长的厨德也非常重要。如有些厨师长只想拿工资，不愿承担风险，不开发菜品，不为餐饮企业长期发展着想，就想“旱涝保收”，或者想把采买等权利都拿去吃回扣。常言道“学厨先立德”“做菜如做人”，一个厨师长能力再强，如果厨德有问题，也要谨慎使用！

要请对人！不是会颠锅的就是头灶

对于一家餐厅，尤其是新开业的餐厅，选什么样的主厨非常关键。其专业水平直接影响餐厅的生意，其人品影响整个厨房的运作。毫不夸张地说，满大街找工作的厨师有很多，但真正的好厨师是少之又少的。

一个好厨师，干的不只是一个厨子该做的事情，还需要有自己的特色，有自己的绝活，甚至做出的菜品具有一定的艺术性。

刘先生开了一家川湘菜馆。短短半年的时间，餐馆里的厨师就换了不少，鲜有让他感到满意的。有时，他满意了，人家不满意薪水。因为竞争很激烈，利润不是很高，他招聘厨师给出的薪水是3000~5000元。每天投简历的人很多，起初，他看到中意的，就约对方来面试、试菜。有时，他听对方说在大餐饮企业干过，而且只要3000元薪水，便像捡到宝贝一样，答应让对方明天就来上班。结果，对方根本不是头灶的料！但已经上灶了，就得开给他3000块工资。结果，对方蒙了他一个月，就走了。所以，他几乎月月换厨师，常来吃饭的顾客也是纳闷不已，为什么口味总是那么不一样呢。后来，他为了找个好主厨，便跑到湖南和四川试菜。3个月下来，他胖了1圈，而且还带回了2个中意的厨师。这才算让厨师队伍稳定下来。

这2个厨师干得很出色，为了留住人才，他拿出一些股份卖给对方。这种股份不是技术股，而是股东股，厨师买了股份，工资奖金不变，但有股份分红，便一直“死心塌地”为这家餐馆做事了。

对大部分餐饮企业来说，不缺厨师，缺的是好厨师。那么，如何找到适合自己的好厨师呢？除了自身要提供良好的发展平台，以及有竞争力的待遇，还必须要掌握招聘厨师的途径与方法。

一是学校招聘。

现在有不少知名的厨师学校，餐饮企业可以与这些学校签订用人合同，或者进行定向培养。通过这种方式，可以很精准地帮企业网罗到相应的人才。当然，由于刚从学校毕业，很多人都缺少实践经验。为此，可以对他们进行有针对性的培训，提升专业技能与职位素养。这些人员基础好，受过专业训练，年轻、有朝气、肯吃苦、干劲足，但缺乏经验和较高的技术水平，需要岗前岗中的长期培训，只要有个好的领头人，他们很快就能适应新的工作。

二是网站招聘。

新开的餐厅若要寻找一个比较有经验的大厨，这就不适合从学校招聘了。厨师属于蓝领岗位，通过网络找工作的人也很多。企业可以根据需要，详细说明自己的招聘条件，坐等应聘者投简历，或者主动搜索正在找工作的人。

三是挖人墙脚。

挖别人的墙脚，是最直接的用人方式。事先要对被挖者有充分的了解，而且要给出有竞争力的薪资待遇。这种方式较适合大中型餐饮企业的一些特殊岗位。一些星级餐厅很少会从社会上招人，他们有固定的招人途径，对重要岗位或是关键技术人员，往往是能挖就挖。尤其是一些大牌厨师，小餐厅是挖不过来的，即使挖过来，负担也会很重，而且也难于管理。大一点的餐饮企业把人挖过来，不但能驾驭对方，而且也能为其提供一个良好的发展平台。

四是熟人引荐。

厨师之间也是有圈子的，如果餐厅规模较小，而且又是初期经营的话，就没必要去大餐厅挖厨师了，打听一下身边的亲朋好友，看看他们有没有认识的厨师，然后通过厨师联系厨师。通过这种人脉关系，一般都可以找到较靠谱的人选。毕竟，出于朋友的信任，一般都不会推荐不太靠谱的人。

当然，为了把好关，招聘的厨师必须符合一些基本要求，如要有厨师证与健康证，有一定的工作经验，并了解其做的菜是否符合餐厅的需求。除此之外，还有一点很重要，那就是试菜（见图2-2）。有个店老板让厨师试菜是这么要求的：先让对方烧一个红烧鳊鱼，然后再做一个龙井虾仁，最后再来道红烧豆腐。为什么这样做？原来，通过这3道菜可以观察到厨师的操作细节，以及菜品的味道。很多厨师手脚快，但是锅洗不好，而烧的虾仁色泽就会受到红烧鱼的影响。后面加一道红烧豆腐，要求豆腐不碎。这样一来，基本就能看出对方的做菜功夫了。

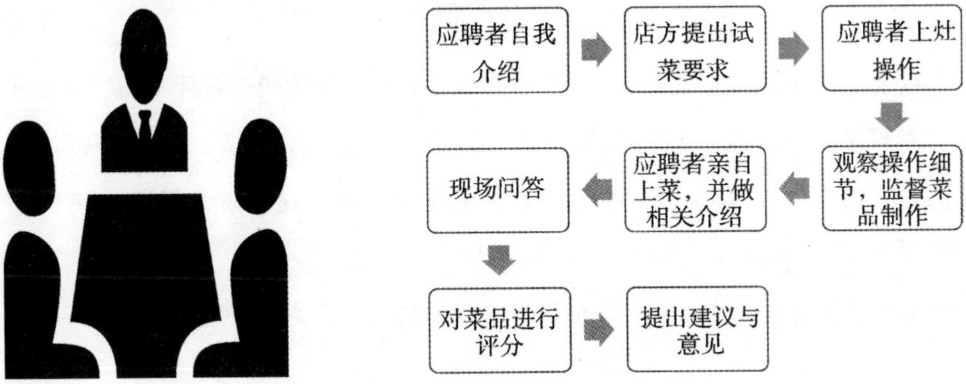

图 2-2　招聘厨师试菜流程图

可见，做餐饮招人、用人都是有讲究的，人请对了，事情就成了；人请不对，经营的风险就会成倍上升。

要想手艺进步快，多靠传帮带

在餐饮行业，拜师学艺曾经是入行的主要途径。入行10年才能掌勺，是传统师徒制的“规矩”。但在追求连锁化、规模化的现代餐饮业背景下，传统的师徒制显然已经不能满足大规模的用人需求了。在人才培养上，许多餐饮企业都在探索：如何将传统师徒制的传帮带与企业快速发展的需求结合起来。

在“海底捞”，有一个十分形象的说法，能下蛋的母鸡才值钱。管理人员的晋升与自己培养人的速度息息相关。拿小区经理来说，在一定时间内，如果能够培养6个店长，就可以管6个店；如果只能培养3个店长，就只能管3个店。能管6个店以上的小区经理会被提升为一级小区经理；如果还能够培养更多的人才，同时自己负责的店面业务情况很好，小区经理就可能晋升为大区经理。

在业内传为佳话的是，张勇带出了杨小丽，杨小丽带出了袁华强，袁华强带出了林忆。他们一个带一个，并先后成为海底捞的骨干。

在过去的师徒制人才培养模式下（见图2–3），“教会徒弟饿死师傅”是许多人内心真实的想法。但如今，这些餐饮企业可以通过利益引导的方式，将传授技艺从一种被迫的行为变成主动行为。可见，大牌企业在人才的接续和培养上，可谓是独具匠心。

对于普通的餐饮企业来说，如何做好传帮带呢？

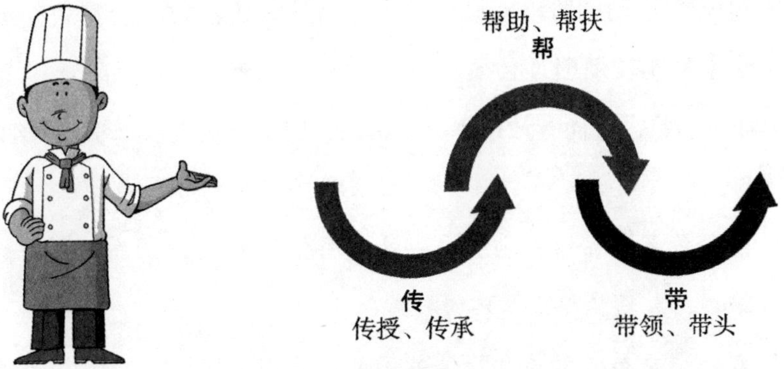

图 2-3 餐饮企业师徒制人才培养模式

一是传，即传授、传承。

比如，让一个主厨或是有经验的厨师来带徒弟，可以分四个层次来操作（见图2-4）：

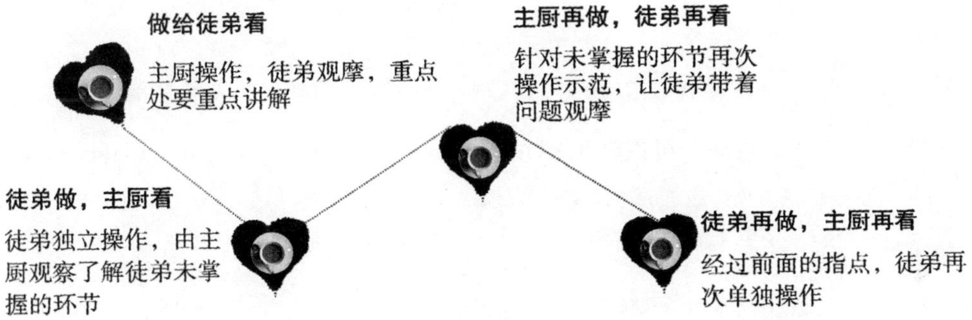

图 2-4 带徒弟的四个层次

二是帮，即帮助、帮扶。

不管是刚来的新员工或是工作了一段时间的老员工，就后厨的一些专业工作来说，都属于新员工。新员工一般都从做帮手开始，打下手看似是一项很简单的工作，但要想做好，还真不简单。有些餐厅生意火，菜品也很丰富，经常增加菜品，新人看得眼花缭乱。这时，就要帮他记住每道菜的口味、配料、做法等。新员工不懂的地方或是容易混淆的地方，要多讲解、引导与帮助。

三是带，即带领、带头。

作为师傅，主厨要以身作则。新员工对后厨的工作流程、工作岗位、工作方法的认识，需要经过一个互动的阶段，师傅的工作方式、方法往往会影响新员工对事物的认识。餐厅工作本身比较烦琐，必须心细。师傅必须身体力行做好工作，树立起积极、认真、务实的师傅形象，进而有效地率领、带动、感染新员工认真学习，细心工作。

“巴奴”是餐饮界传帮带的典范。一个新员工入职巴奴，首先会在新员工中心进行为期12天的培训，以理论培训和实操训练为主。

之后，巴奴会根据员工性格和岗位的不同，分配不同的师傅。在师傅的选拔上，巴奴会在每个岗位上挑选优秀员工作为师傅。分配师傅后，会举行拜师仪式。在接下来的10~15天内，师傅会一对一手把手地传授技能。培训结束后，巴奴会对新员工进行统一考核，考核过关才予以转正。在巴奴，员工想要晋升组长、主管，就必须要带出相应数量合格的徒弟。

从人才培养的角度来说，以师带徒、口传心授，这种小灶式的培养方法不仅能发掘人的潜力，更重要的是，可以从情感、利益等方面保持人才队伍的稳定性。

捧着点，员工才会干劲足

一个餐饮企业是否能做得成功，关键要看整个团队的凝聚力、向心力和创造力。因此，员工的激励问题成为餐饮企业制胜的重要问题。员工激励工作做得不到位，就会使员工失去工作热情，造成人才流失，企业内部混乱，人心涣散，从而直接影响企业的发展和效益。

可以说，所有的餐饮管理者都有激励员工的意识，有的用钱，有的用福利，有的用梦想，但结果却不尽人意。其中，运用金钱激励，总会出现各种各样的反弹和副作用。

来到北京著名的餐饮企业“大鸭梨”，第一感觉就是这里的人文文化十分浓厚，所有的员工都以饱满的精神热情投入到工作中，整个企业总部的各个角落都可以见到企业对员工培训、员工发展方面的重视。无论是日常培训的电视宣传片，抑或是为员工提供的整洁舒适的办公环境，以及墙上悬挂的引导员工、激励员工的话语，所有这些元素，不禁让人们对大鸭梨的内部结构产生探究的兴趣：他们是如何调动起员工最积极的一面的呢?

原来，企业经常会进行评选星级员工活动，他们会根据员工在一周之内的表现给予评星，从中选出服务之星、销售之星等。此外，星级是滚动的，可上可下，而且星级会直接做成胸章贴到员工的胸前，时刻激励员工。在大鸭梨，99%以上都是老员工，可以说是做到了行业忠诚度的排名最前。

给员工评星，犹如军队里的荣誉勋章，是对优秀员工的肯定。同时，星级员工一定要通过胸前佩戴星级标志来体现，这样能让优秀员工更自豪。

在大鸭梨，“你付出劳动我给你工资”的简单交换并不适用。除了符合市场规律，支付员工应得的报酬、对员工尊重之外，企业更注重激发员工的努力意识，这也是大鸭梨特有的企业文化激励手段，也可以说，大鸭梨人的承担、责任、成长构成了企业特有的激励文化。

员工工作，是为了赚钱，但是钱并不是激励员工最好的或唯一的手段。尤其对于中小餐饮企业，除了要有具体的激励策略，从长远来看，关键还要做好两方面的工作：

一是了解员工的现实需求。

管理人员在与员工的沟通过程中，要学会从以下三个方面去了解员工的现实需求（见图2-5）。

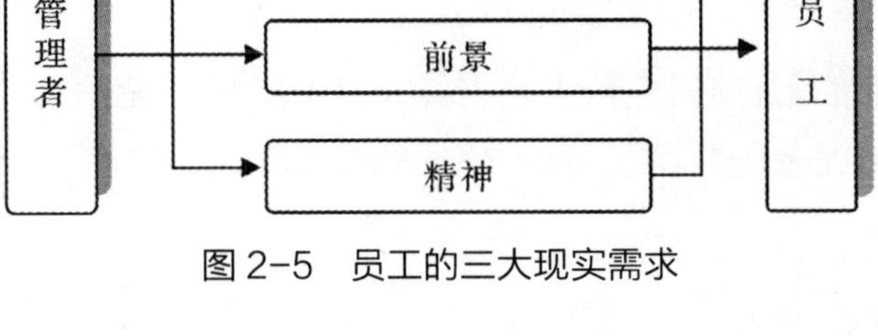

图 2-5 员工的三大现实需求

对于那些目前能够满足的需求，餐饮企业管理者都应该充分调动组织力量来尽快解决；对于那些合理但当前餐饮企业却不能满足的需求，应当创造条件逐步解决，并向员工做好解释工作；而对于员工的不合理要求，应当进行教育引导和纠正，而不是嗤之以鼻。

沟通不畅是很多餐饮企业都存在的问题，而员工管理的很多问题根源实际上都在沟通方面。员工在工作中产生一些怨气是必然的，如果管理者能及时体察，主动坦诚地与员工沟通，将矛盾消灭在萌芽中，无疑是双赢的必要途径。

二是创造热心工作的企业文化。

人都有好奇心，越是变化和新颖的事物，越能引起人的好奇心，并激发其进行探究。因此，工作本身越具有挑战性、新奇性和变化性，就越能激发人的工作积极性、创造性。实际工作中，餐饮企业可以通过对员工实行工作轮换，培养多面手，让员工选择自己感兴趣的工作和岗位，以及改进不合理的工作流程等来丰富工作内容。

人都有具有实现目标的欲望，当人经过努力实现了既定目标后，就会有一种满足，产生成就感，这种成就动机促使人们自觉自愿地投入工作，并不断挑战新目标。餐饮企业为员工设定明确的、富有挑战性的工作目标，使员工在不断努力的过程中增长知识和经验，将会对其产生很大的激励作用。

因此，餐饮企业管理人员要想方设法改善经营管理，在创造更多效益和良好企业形象的基础上，让员工对餐饮企业产生自豪感和归属感，从而有效激发工作热情。

悠着点，别把小弟当干活机器

餐饮从业者应该是加班时间最多的人群，很少按照“坐五休二”“早九晚五”的节奏工作，他们最忙的时候，往往是别人最闲的时候。

一个优秀的餐饮企业，一定是一个人性化的团队。许多餐饮企业之所以用人难，留不住人，是因为员工的劳动时间过长，工作强度过大，有的餐厅甚至把员工当干活机器，员工感受不到人性关怀，自然就不会尽心尽力了。这也是造成员工缺少职业忠诚度的主要原因（见图2-6）。

图 2-6　餐饮企业员工缺少忠诚度的四大诱因

小丽是一家火锅店的领班，她家距离火锅店并不远，但她经常很晚才下班。就是下班，也会住在单位的宿舍里，只有休息日才会回趟家。她在这家店干了3年，才熬到了领班的位置。她说："我以前并不是好脾气的人，但是干了这行之后，就学会了忍。"除了要忍顾客无理地发脾气，要忍领导偶尔的批评，要忍底下员工的莫名牢骚，还要忍每天无休止的加班。

每天，她都难得吃上一顿安心饭。在客人光顾的时候，她经常要放下碗筷去迎接客人。午休时间，她还要做一些报表。晚上6到9点，是一天中最忙的时候。这个时间，她要不停地在店里跑来跑去，接电话、接待客人、点菜、传菜、收桌子……一天下来，她经常是9点以后才能吃饭，回到宿舍也基本是10点多了。

其实，小丽的故事只是许多餐饮人的一个缩影。目前，许多餐饮企业都活得很艰难，员工也过得很辛苦。一方面是因为企业的业绩支撑不了更高的薪水，养活不了更多的人，只能是一个人当两个人使；另一方面，是企业管理无方，导致干活的人有干不完的活儿，不干活的人无所事事。

餐饮企业要想健康成长，拥有稳定的员工队伍，一定要有人性化的用人机制，这样员工才会心甘情愿地付出。否则，把员工当牛马，工资待遇又不到位，员工怎么真心跟你？那么，如何做到人性化用人呢？

一是钱要给到位。

马云说过，员工离开公司，原因无非有两个：一是受委屈，二是钱没有给到位。现在，什么价格都上涨，用人成本也在增加，表面上涨一点工资，却增加员工的工作量，这就等于让工资变相缩水。这么做的结果是：员工收入减少，思想不稳定，身在曹营心在汉。一旦遇到更好的机会，肯定会跑到别的餐厅去。

二是要让员工有奔头。

有些人干餐饮是爱这行，有些人是打算将来自己做点事，每个人都有自己的想法。要想留住并用好这些员工，就要给他们想要的东西，让他们觉得有奔头。不能说，你是来打短工的，我就尽可能让你多干活儿，你是来偷艺的，我就不让你接触大厨。活要照干，培训也还要做。你对员工好，从心底里尊重他们，他们会看在眼里，工作自然也会做得细一点、认真一点，从而为你的餐厅加分。

踢开“搅屎棍”，要狠要快不手软

何为“搅屎棍”？有一种生动、玩味的解释：在旧时，北海城乡的屎坑大多是一个半埋在地下的大瓦缸。淘粪时，为了便于操作，往往先用棍搅混，所产生的臭气会让人忍不住捂住口鼻，甚至不敢呼吸。久而久之，人们就发现，搅扰别人正常活动的行为与搅屎棍的作为一样令人讨厌。于是，搅屎棍便成了搅扰者的代名词。

对餐饮老板来说，不做事，做不好事，或者混日子的员工并不可怕，可怕的是到处搞事情，甚至是恶意搅臭生意的员工。

王先生是一家餐馆的老板，他为人憨厚，平时很体贴、善待员工。但是，好老板却未必会得到每个员工的理解。有一个老员工，在餐馆干了4年多，刚来餐馆的时候，他就和别人念叨：不想干了，干得没意思。但4年时间里，他从没有和老板提过辞职的事，倒是新员工让他“吓”走一批又一批。

有一次，有个员工在和大家吃夜宵聊天时，突然感叹说工作压力太大了，离家太远都没法照顾老婆孩子，想离职。这时，这个老员工跳出来接话，说自己也快离职了，已经在找下家了，然后追问人家什么时候走。

结果，那名员工走了大半年，这个老员工都完全没有离职的任何迹象。就这样，新人走了一批又一批，而这个老员工因为资历老，又被加薪了……

后来，王老板才恍然大悟。原来，餐馆人才流失严重的问题，是他唆使的结果！于是，王老板毫不犹豫地将他开除了。之后，这家餐馆再也没有出现员工频繁跳槽的情况了。

案例中的老员工就是典型的搅屎棍。他能力有限，不敢真离职，又想通过煽动其他同事离职来证明自己的忠诚，让自己获得加薪的机会。可以说，这样的人心理有些扭曲，对餐饮企业的杀伤力是致命的。

很多餐饮企业之所以出现这样那样的问题，虽可以归咎为管理问题，但从根本上讲，还是用人问题，如有个别餐厅员工为了报复老板，恶意搞事，使餐厅出现声誉危机。

大体来说，餐饮业的从业人员，整体素质并不是很高，有很多人都是抱着打临工的心态，甚至自己都看不起自己从事的工作，于是就很有容易滋生搅屎棍的心态：把水搅混了，以便到处摸鱼。这样的员工且不说缺少职业道德，在心理上也是有缺陷的。所以，在人员管理工作中，要及时发现并踢开搅屎棍。

那么，如何识别搅屎棍，并弃之不用呢？可以从以下几点来分析（见图2-7）。

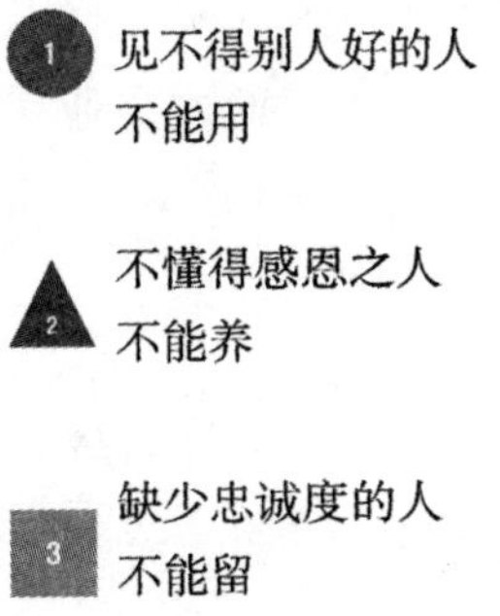

图 2-7　识别员工的三个要点

一是见不得别人好的人不能用。

我们在评论一个人的好坏时，首先评判的是他的道德素养。道德本质差的人，我们统称为“烂人”。烂人的本质表现为：自私自利、嫉妒心强、心肠歹毒等。在一个团队中，这样的人很少能做出具有正能量的事情，他们经常浑身散发着负能量，到处乱搅和。餐厅使用这样的员工是很危险的，尤其是在一些重要岗位上，如主厨、领班等。一个主管见不得别人好，就会打压下面有才的人，对这样的人趁早开除！

二是不懂得感恩之人不能养。

不管做什么工作，感恩都是一项最基本的素养。在餐馆，不乏一些白眼狼型员工，老板怎么都“喂不饱”，稍有不满，就到处说餐馆的坏话，仿佛别人都欠他的。

要看清楚此类人，只要看他们在关键事件中的态度，就能充分体现出他们白眼狼的本质。不懂得感恩之人，自然不会感恩自己的平台，也不会去感恩曾经对他们支持和帮助的任何人。自然而然，他们也不会成器。如此白眼狼之人，哪怕他们能力再强，也不值得重用与培养，让他们尽早离开团队是最好的选择。

三是缺少忠诚度的人不能留。

缺少忠诚度的员工，常见的表现就是见利思迁，随时准备抽身，甚至不惜损害公司的利益。这些员工让餐饮老板很头疼，通常他们吃着碗里的，看着锅里的，今天可以为了自己利益依附于公司，明天可以为了自己利益断然离开，根本不会顾虑给餐厅经营带来的损害。这样的员工不能久留，发现苗头不对，就要适时找人接替他们的工作。

总之，餐饮企业用人，相较于能力，人品更重要。因此，经营管理者的职责就是：保持“环境卫生”！一旦发现搅屎棍，就要毫不留情地一脚踢开。

运 营 策 划

钱要这么给，员工才更卖力

和许多餐馆一样，某餐厅的人员流失率很高，尤其在旺季。这样的情况，对餐馆的运营造成了很大的困扰。为了留住员工，老板想了各种方法，如打造和谐团队文化、采取人性化管理措施、采取弹性工作制……甚至，老板时常私下奖励员工，并给他们一个承诺，但是效果并不明显。

为此，他很困惑：是不是自己的管理出了问题？

实际上，任何问题的出现都是有原因的。造成餐厅人才流失率高的最重要两点原因，一个是员工干得不高兴，受委屈了；另一个是钱没有给到位。前者，老板或管理人员不好把握，但后者很容易改进。因此，给钱，就要给到位。在这个过程中，是有窍门的。有以下几点（见图2–8）：

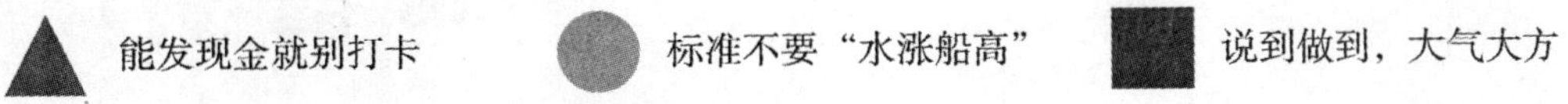

图2–8 钱给到位的三个要点

一是能发现金就别往卡里打。

留人，别老耍嘴皮子。要激起员工的干劲，一定要激起他们对钱的欲望。所以，现金是很好的一种激励方式。虽然这种方式简单粗暴，但是在餐饮行业很有用。

二是标准不要“水涨船高”。

在设置奖励机制的时候，一定要让员工能拿到钱，而不是让员工够不着。比如，某员工这个月很努力做到了10万元的营业额，那是不是对其下个月的目标定为12万元，再下个月定位13万元？一直让目标高涨？当然不是！这样的做法会打击员工的积极性。如果员工这个月很努力做到了10万元的营业额，那可以设置8万元的目标，随后再调整到9万元的目标。这样有张有弛的工作做法，才能让员工觉得老板在体谅他。

三是说到做到，大气大方。

给钱时不仅要说到做到，而且要表现出做老板的大气大方来。比如给员工设置了一个奖励规则，如果一天做到1万元的营业额，那么所有的员工都奖励50元；如果达到2万元的营业额，所有的员工都奖励100元。如果有一天的销售额是19800元时，老板可以自己补200元，凑够2万元。这算不算作弊？不算！因为在员工心里，会认为老板是一个大方且贴心的人，就会积极主动为餐厅做贡献。

第三章

CHAPTER 3

采购管理：严把进货关，降低成本是王道

在股市中，餐饮企业占比非常非常小，几乎可以忽略不计，为什么？即使那些非常牛的餐饮行业佼佼者，在走到上市的最后一步时，也会被无情地阻挡在门外。其中一个重要原因，就是财务不透明。而这个问题，又以采购问题最为严重。可见，采购是餐饮企业运营头上的一把刀。其是否运用得当，对餐饮企业有着极为重要的影响和意义。

学会“克扣”供应商，省下的也是利润

一提到采购，大家会普遍认为，这是一个有油水的工作，经常有回扣可吃。所以，小一点儿的餐厅，大多是老板亲自采购，实在没时间的话，也会选择自己的身边人。大一点的餐厅，会设置采购部门，而采购人员，也往往是老板较信得过的人，且老板对财务的管控很严。可见，采购这块确实是大有“文章”。

有一家自助餐厅，每天顾客很多，所以采购量也相当大。因为做自助餐的成本压力很大，有的只有几分钱的利润，所以为了降低采购成本，餐厅设计了严格的采购制度，而且在整个采购过程中，采购人员不允许接触钱。平时，厨师长除了负责菜单更新，每周至少要到市场访两次价。厨师长每次从市场回来，都会先试做出菜品，一个是尝口味，一个要核对成本。定价完成之后，会给每个分店发一个定价单，分店接货的时候严格按这个执行。在这一周之内，无论采购价格涨还是跌，供应商都不能变动价格。

企业做大了，采购就不能再随行就市，而是要控制好成本。这家自助餐厅的做法，有一定的可行性。对于其他类型的餐厅，该如何掌控采购成本呢？

一是让供应商存货。

让供应商存货，可以帮助餐厅节约不少成本。比如，西瓜要涨价了，一直到明年的3月份，价格会一直往上走，这个时候就可以要求供应商以现在的市场价格替自己存货，不占自己的库房。餐厅需要的时候，供应商要随时送过来。有人会说，这么做供应商一定很痛苦，他们会答应吗？这就涉及采购谈判了。你可以这样说，与你们合作，可以快速结账，不拖欠一分钱。你不压供货商的钱，这本身就是一种合作优势。这样，供货商会认为，在你家挣的钱是少，但是回款快，而且还能保持长期有生意做。

二是让供应商送货。

餐馆如果是开在市中心的话，会给采购工作带来许多不便，如大型车进不来。以北京为例，在四环以内的餐厅，都会在运输方面增加许多费用，尤其是人工费，现在涨得非常厉害。所以在条件允许的情况下，可以让供应商送货，一来省人工费、运输费；二来会提高菜的出成率，保证菜的新鲜度。这样算下来，也会节省不少成本。

三是提高菜品出成率。

很多时候，采购人员一味计较价格，则会降低菜品的出成率（见表3–1）。某家的价格便宜，但是出成率不高，算到最后，会发现其实还没有稍贵一点的那样更划算。假如说一箱羊肉是30公斤，有的商家羊肉带包装纸箱是30公斤，有的是羊肉解冻后，净重是30公斤，这个就截然不同了。所以要判别出成率，要判别质量。再如采购牛肉，最好的牛腱子25块钱一斤，可能有的牛腱子才15块钱一斤。这时候，别急着决定，要比较一下才能知道哪家的最划算，怎么比较呢？先除去外包装，上秤量。解冻后，再过秤。最后把它酱熟了再过秤，好的牛腱子一斤可能出七两，而不好的牛腱子一斤就出半斤，这样你就知道买谁的最贵，买谁的便宜了。

表3–1 菜品出成率计算表格（××餐厅菜品出成率）

年　月　日

菜品	实际进货量（KG）	库存量（KG）	销量（盘）	单盘重量（KG）	出成率	标准出成率	差异数	原因分析
白菜								
胡萝卜								
芹菜								
香菜								
鲜牛肉								
鲤鱼								
猪肉								

四是进行二次采购。

二次采购也有利于降低成本。什么是二次采购呢？带叶的新鲜蔬菜需要早上去采购，这样做菜的口感才好，但是根茎类的比如土豆、番薯、胡萝卜，这些原料可以下午去采购。平常如果卖1块钱1斤，到下午可能六七毛1斤，这样就能把成本降低很多，且质量与早上的没有什么差别。

总之，采购成本直接影响到餐饮店的利润，尤其是在竞争激烈的区域市场，各家店的用人成本、菜品价格、店面租金等相差无几，赚多赚少往往取决于采购这一环节。所以，控制好采购成本，省下来的部分，也就是赚到的利润。

做好采购成本控制，杜绝吃回扣

不管是什么行业，多数人都认为采购可以吃回扣，有相当的油水，这里面的猫腻到底有多少，或许只有资深采购人才知道。采购之所以被认为是肥差，不是采购这个职位本身有问题，而是管理出了问题。对餐饮企业来说，且不论采购人员是否拿了回扣，供应商以次充好、恶意提价的现象也不在少数。为了避免这个问题，不少老板恨不得自己上阵。

要找到一位靠谱且值得信任的采购人员确实不容易。但是，事在人为，如果加强对采购流程的管理（见图3-1），堵住可能发生的漏洞，从根本上降低采购成本，也会杜绝吃回扣现象。

张老板开了一家餐厅，因为叶类菜保存不易，所以餐厅每天都会派人去市场采购。那段时间，由于菜价波动比较大，几乎一天一个价，所以就被采购员钻了空子。

张老板说，以前菜价价格变化小，波动只有一两角钱，2017年菜价波动的最大幅度达到1.5元，加上每天采购量在几百公斤，甚至上千公斤，所以其中的油水还是很大的。有个采购员已在餐厅干了2年，从没出过差错。2017年5月，平常卖1.5元1公斤的莴笋价格上涨到3元1公斤后，进货报表上的这个价格持续了2周。后来，财务人员觉得蹊跷，就去菜市场调查，原来3元1公斤的莴笋价格只持续了3天……由此估算，采购员从中吃了近7000元回扣。随后，餐厅开除了这名采购员。

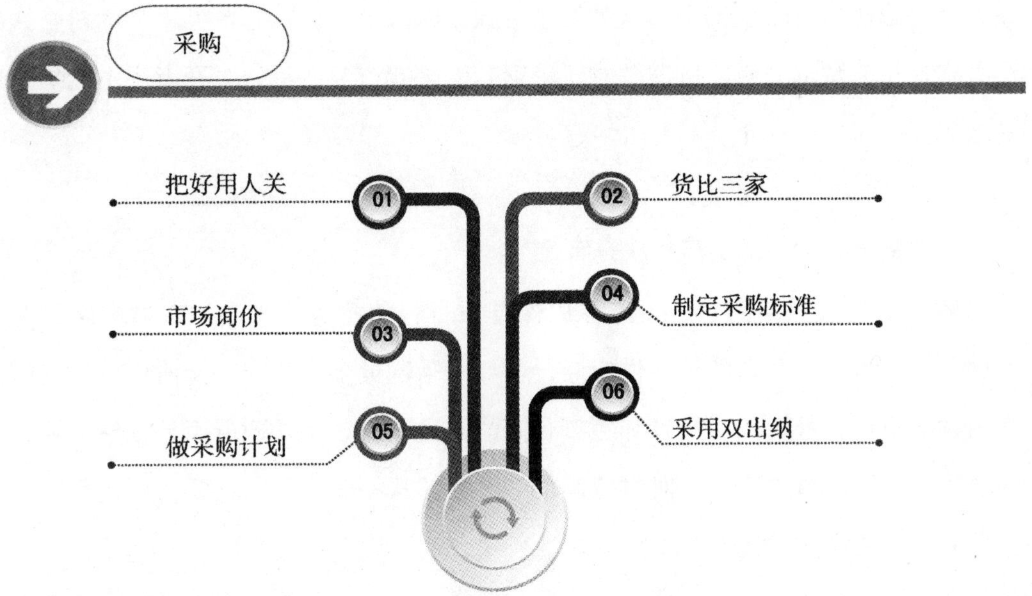

图 3-1　采购流程控制示意图

随后，餐厅又招了一名采购员。之后，菜价仍在波动，该采购员上任半月，将1.2元1公斤的空心菜价格写成2元1公斤，价格持续了1周，所进货物经常出现价格偏高。每逢菜价高时，就叫老板去检查，菜价低时则不吭气。后来，餐厅也将其开除。

而第三位采购员也没有清廉几天，趁菜价乱涨时乱报价格……最后，餐厅只好也让其走人。

可以肯定地说，张老板就是再请10个采购员来，也避免不了他们吃回扣。因为他缺少对采购成本的控制！一旦不对采购成本加以控制，很容易让采购员钻空子。因此，要保证采购员的清廉，就要从根本上杜绝采购员的歪心思！以下几点可供参考：

一是把好用人关，见钱眼开者不用。

采购员的选择，应主要考察采购员的个人品质。采购员的知识和经验与品质相比反而是次要的，要选择为人耿直，不受小恩小惠诱惑，且一定要受过良好教育的采购人员。因为采购人员面临的诱惑是可想而知的，许多供应商会想尽办法与采购人员拉关系，回扣或红包自然少不了。这就要求餐饮采购人员“凭良心”办事，面对金钱的诱惑必须保持一颗平常心。所谓“君子爱财，取之有道”，见钱眼开者决不能担任采购员之职。

二是要货比三家，采购不“从一而终”。

采购时要有较稳定的供货渠道，以保证原材料的质量。在最初对供应商的选择时，比如肉、海鲜、调料的长期供应商，应要求采购员多找几家，比质比价比资信，然后由领导审核，最后的决策者和签订合同的人员不应该是采购员而是领导。其他一些业务可以由采购员来完成。对供应商最好不要“从一而终”，且要在一定程度上，避免采购员与之建立“密切关系”。

三是做市场调查，不是采购员说了算。

这是各个餐厅运用最广泛的方法，对市场进行定期不定期的调查，有助于掌握市场行情，了解货物的价格与质量、数量的关系，与自己采购来的货物进行对比，以便及时发现问题、解决问题。执行市场调查的人员可以是专职的，也可以由财务人员、行政人员，甚至经理兼任，也可以采用轮值的方式进行调查。随着餐饮采购信息平台的建立，餐厅也可以在平台上了解各类原材料的价格走向及趋势。

四是建立好标准，采购入库要验收。

对于餐厅常用的和大件的原材料，采购部可以与厨房、库房一起制定原材料采购及入库验收标准，就原材料的质量、色泽、形状、规格等选定一个适中的标准，最好拍摄成可以参照的实物图片。这样可以防止以次充好、偷工减料。

五是做采购计划，防止原料的积压。

采购计划是依据餐厅的日常消耗、历史数据及餐厅发展制定的，它要求餐厅做好日常消耗的台账以及仓库的出料统计等扎实的基础工作，防止盲目采购造成的原料积压、原料变质腐败和资金积压。计划可分为五种（见图3–2）。

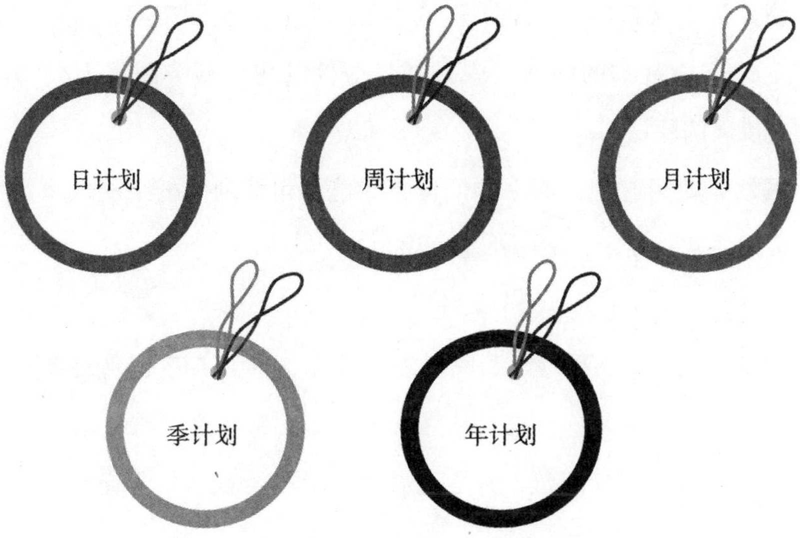

图 3–2　五种计划类型

六是实行双出纳，做好防损与监督。

供应商、采购员报价后，财务部应进行询价、核价等工作，实行定价监控。餐厅有条件还可实行“双出纳”制度，两个出纳一个负责钱财的支出，一个负责钱财的收入，这样可以更好地管理钱财的出入。同时，由财务部每周派人进行市场调查，对采购员进行监督。虽然最后仍以采购员的调价为主，但是这样做对采购员可以进行有效的监督。

采取上述办法后，可有效杜绝吃回扣的现象。但任何事情总有正反两面，若餐饮经营者一味防止采购员吃回扣而不懂得“体恤民情”，那就真有可能逼其“起义”了。

当然，想不让采购员有外快几乎是不可能的，但凡事都要有个度，计量、监督和协调是一个餐厅管理者的职责，小事上可糊涂一些，毕竟你还打算用他，大事上要用制度和监督机制约束采购人员的行为，就像河水，其可以在河床内任意打旋儿、起浪花儿，但不得翻江倒海冲破堤岸，否则就要受灾。

节流是王道，做好成本核算

100个餐厅老板中，有99个老板希望在保证饭菜质量的同时能够降低餐厅采购成本。在竞争激烈的餐饮市场，降低采购成本不但能提升利润空间，也能提升企业的竞争力。所以，采购最基本的职责，就是在供应商的售后服务跟得上公司需要的前提下，购得物美价廉的原材料。

此外，餐饮企业只有把握好采购的度，才能尽可能地降低采购成本，做好节流工作。大餐厅采用一站式采购，那中小餐厅该怎么办呢？

某酒店在当地有3家店面，为了降低采购成本，其放弃了由供应商送货的采购模式。平时，酒店的水果都是免费赠送给客人的，加上鲜榨房所需的水果，3家酒店1天需要进3000多元的水果。一开始，酒店是自取，后来尝试让供货商送货上门，试行一段时间后，发现还是自己批发便宜。

比如蔬菜，3家店1个月的进货额有23万元，让供货商送货上门和自己去市场采购，有25%~30%的差价，从市场采购有5%的损耗。这样算下来，还有至少20%的差额可以节省，1个月就是4.6万元，1年单是蔬菜就能节省55万元。

采购模式的改变，让这家酒店节省了不少采购成本。在餐饮成本节节攀升、同行竞争越来越严重的今天，节流才是王道。可以说，每家餐饮企业都有自己的节流渠道与方法，如做好成本核算、减少仓储损耗等以提高毛利率。在实际运营中，尤其对于中小餐饮企业来说，以下几个方法值得借鉴与学习。

一是异地采购，加工好后再运回。

这种采购方法很常见，当本地的一些食材价格比较昂贵的时候，可以考虑到价格较低的地方采购。如果价格相差较大，除去运输与保存费用，异地采购还是有利可图的。比如，北京的牛肉价格为40元/斤，而相同质量的牛肉在内蒙古售价28元/斤左右，那么就可以在内蒙古确认好供应商，定制牛肉。但是从外地发货回来，如果量大一时用不完就会增加储存成本，发货少了会增加运输成本。考虑到此，可以在采购牛肉同时，找一家加工厂来加工牛肉。

内蒙古的牛肉来到北京，首先价格上便宜很多，还经过初加工，减少厨房加工工序，可以降低人力成本。此外，还可以根据当地食客的口味来制作，如内蒙古的做法大多将牛肉加工成牛肉干，但北京食客不太认可那个味道。

再如，湖南人喜欢吃寒菌，10月初也是长沙寒菌价格最贵的时候，质量好的价格每斤在120元左右，质量略差的也要60多元。云南也盛产寒菌，本地人不太喜欢，且价格便宜很多，因此，可以在10月之前前往云南大量采购。寒菌质地很脆，不能长距离颠簸运输，那么就可以找当地人进行初加工，剪掉不能食用的部分，按照湘菜的工艺做成油寒菌，运输回来后一点儿也不影响质量。即使加上运输费、人工费等，价格也不过40元/斤。等到了12月份，长沙的寒菌价格降下来了，再在本地采购就可以了。

异地采购经过简单的粗加工，在节省采购成本的同时还能减少食材变质的风险，连后期加工的人力成本都省了，可谓是一举多得。

二是原料采购，三方沟通再下单。

在采购之前，负责人必须及时跟厨房、销售部沟通。发现好的原料时，要想尽办法让厨房来用。另外，还要跟销售部多沟通，让他们推销原料充足且进价低的菜品。而当市场某种原料的价格突然暴涨，比如空心菜4元/斤，就要告诉厨房下单的师傅，要少进货或停卖，让销售部转而推销其他菜品。三方沟通机制（见图3-3）可以大大降低采购成本。

图 3-3 三方沟通机制示意图

三是错峰采购，用好供货时间差。

错峰采购就是打时间差，错开采购高峰期。这种采购方式可以降低价格、人力及运输成本。比如某餐馆按时间段、天气和宴会的需求，一个礼拜去菜市场两趟。不进行单独的采购，每次厨师长和司机一起去，要么是早上6点之前走，开餐的时候回来，要么是下午1点之后，错开高峰走，这样采购的好处是能跟市场供货有一个时间差，且能避开拥挤的交通。

除此之外，在季节上也要错峰。比如蟹、虾，正季的时候，可以大量订购。像海蟹、梭子蟹，最便宜的时候七八元钱1斤，但是到旺季时，1只就要二三十元。所以，可以在便宜的时候大量订购，然后储藏起来。从经营的角度来讲，节省1块钱，要比从营业当中盈利1块钱容易得多。所以，控制好采购成本非常重要。

四是网络采购，打造在线供应链。

在采购前，可以在网络上货比三家，从而找到更合算的供货商。如今，通过网络采购的餐饮企业越来越多，网络采购将成为餐饮业发展的一大趋势。因此，餐饮企业应顺应潮流、及时行动，加大对电子商务的投入，逐步实现网络销售和网络采购一体化的在线供应链管理：一方面推行并不断改进“为订单而采购”的经营模式，最大限度地缩减销售物流与采购物流之间的中转环节——库存物流，按需求定供应，以信息换库存；另一方面再造销售模式和采购模式，逐步实现在线、实时的电子采购并不断提高其份额，向科技要效率，从市场争效益。

采购关乎餐厅的成本，因此在采购食材的时候一定要多琢磨，算细账，不能看到有大量需求、价格涨的时候再去进货，而要多挖掘食材的潜在价值。

除了上述方法，在采购的时候，也要遵循几个原则（见图3-4）。

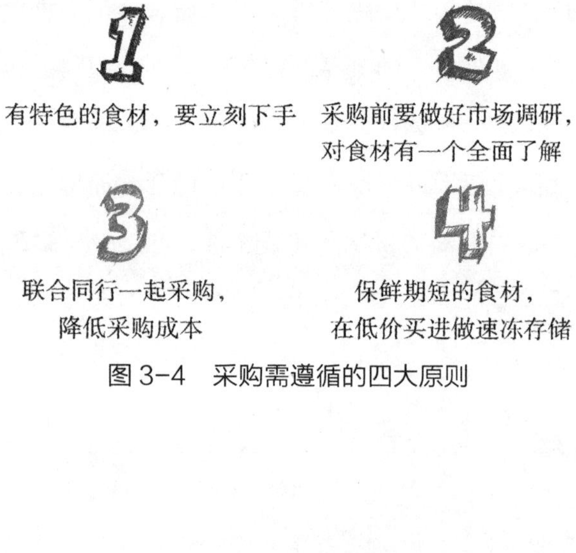

图 3-4　采购需遵循的四大原则

择优汰劣，做好供应链管理

餐饮业是一个受上游原料质量、功能和产品性能影响较大的产业，选择向上游延伸可以增强对产品质量和核心技术的控制，向下游延伸可以控制销售渠道。而优化供应链有利于增强对原材料质量的控制能力，从而提升终端产品的市场竞争力。

优秀的供应链管理，使餐饮企业不再是一个个单独的个体，而是一个范围更广阔的网链结构模式，供应链不仅是一条连接供应商到企业的物料链、信息链、资金链，而且还是一条增值链，它使企业处在一个有机的整体中，帮助企业有效管理外部供应商、服务商、客户等资源，并实现与企业内部资源的高度整合、业务协同，实现物流、资金流、信息流三流合一，最终提高供应链全程的运行效率和竞争力。

麦当劳餐厅（McDonald's Corporation）是大型的连锁快餐集团，在世界上大约拥有3万间分店，主要售卖汉堡包、薯条、炸鸡、汽水、沙拉等。目前，麦当劳在中国的主要食品原材料供应商包括：世界著名的冷冻薯条生产商——美国辛普劳公司；美国福喜食品有限公司，它是麦当劳在中国的蔬菜供应商，同时也是麦当劳在中国主要的肉类供应商。麦当劳在中国有超过50家供应商，有95%以上的食品原材料在本地采购。

创始人雷·克洛克把麦当劳比喻为一个三条腿的凳子：麦当劳、加盟商和供应商。其成功秘诀就在于独特的供应商管理理念。这种理念可以简单地概括为：选择、合作、管理。

选择：挑选行业里的专家。麦当劳在选择供应商时，首先考虑的是对方企业的合作意识。同时会根据两大标准衡量，硬件条件：必须具备麦当劳的物流系统认证、生产能力认证、产品质量体系认证、原材料供应体系认证、食品安全体系认证；软件条件：诚恳可信、理念正确、历史良好、管理出色、财政健康。

合作：轻合同，重信义。麦当劳最初遴选供应商的标准是，“谁可以与我们同甘共苦，谁就是我们的供应商。”对合同的轻视，对信义的看重，似乎是麦当劳最独特的文化特质。雷·克洛克的理念是“麦当劳是和人而不是公司建立关系。”经过多年的磨合与淘汰，麦当劳与其供应商之间建立了信任与默契。

管理：标准严密，严格执行。麦当劳是供应商的管理者形象由来已久，其合作的供应商多经过了20多年的磨合。演化至今已有很详细的量化标准，这个标准也是双方遵守的契约。当然，合作前提是保证产品质量，保证食品安全。麦当劳对食品安全的严格要求与控管范围涵盖了整个供应链，从原料的源头管理到柜台呈现的成品，都经过了整个品质供应链严格把关。

2014年7月的“福喜事件”一度令一些快餐连锁企业受到牵连，然而在对比多家企业受波及的程度时，可以很明显地看到，麦当劳受到的影响较小，即使在第一时间全面停用了上海福喜的原料，也没有发生断货的情况，这背后体现的正是其供应链管理体系的优越性。

可见，优秀的供应链管理是企业应对经营风险、提升竞争力的一大法宝。在实际经营管理中，餐饮企业应该根据企业实际灵活选择供应链管理模式。以下几种管理模式可供参考。

一是甩手掌柜型管理模式。

这是最传统的方式。每一个门店单独向自己的不同供应商下订单，不同的供应商分派不同的车辆向各自的订单门店进行配送。这一种模式的优点在于总部的管理比较简单、管理成本低；缺点是供应商服务质量差、资源浪费大、无法统一品控、隐性成本更大。为什么会有供应商服务质量差、资源浪费大、无法统一品控等缺点呢？因为每个门店的收货和验货标准是不一样的。这样做的成本也会很大，每一个供应商都需要派车为餐厅送货。而送货的分散性会导致物流成本在菜品成本里占到10%以上。所以说，这是一种比较粗犷的采购模式。

二是统一采购型管理模式。

统一采购型管理模式（见图3-5）就是让每个门店下单给企业的配送中心，配送中心把信息汇总之后传递给供应商，供应商再把菜品配送到连锁餐厅总部的配送中心。

配送中心自己安排车辆配送到门店。或者，配送中心将采购信息传给专业的第三方采购商，让第三方采购商进行采购，并将不同供应商的产品送至配送中心，再由配送中心进行分配。这种集中配送的方式可以大大降低成本。

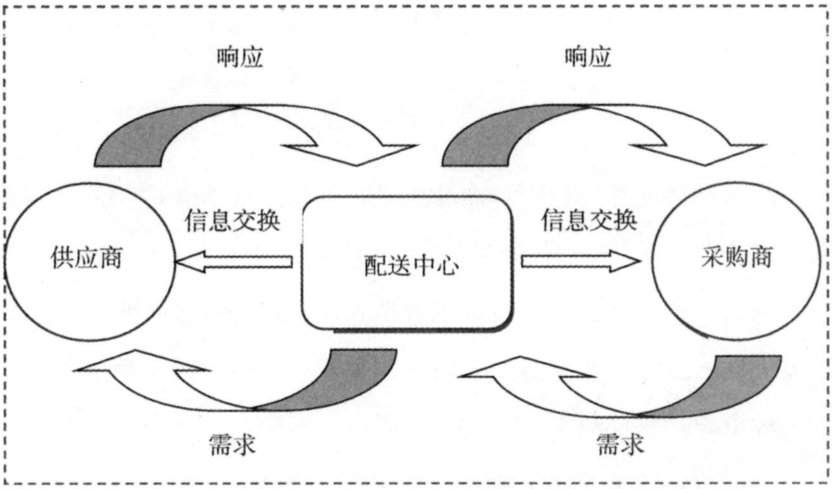

图 3-5　统一采购型管理模式

这种采购方式的货品是由总部统一管理分配的，门店的需求全部汇总到总部统一计划，门店的采购计划是很有效且价格是统一的，总部验收过品质也有保障。当然了，这种模式也有着一定的缺点，那就是采购环节长会造成很大的损耗。打个比方，3个门店就需要分成3份，且每一家店的需求可能都不一样。所有的生鲜食材，不管是鲜活食材，还是冻品，每一次分解都会有所损耗，而环节越长损耗就越大。

三是集采分送型管理模式。

所有的采购集中到配送中心，配送中心再报给不同的供应商。供应商不需要把货送到总部，而是可以直接配送到店里。这样餐厅既可以做订单统一管理，也能做到对成本一键控制。

跟统一采购型不同，商家不需要设立配送中心。这样做的缺点仍然是生产、管理、配送成本会很大，交给供应商配送的每一条线路都需要成本。如，1000元的货品可能要花200~300元的物流成本。

四是标准型管理模式。

每个门店下单给配送中心（通常配送中心与厨房在一起），下单的产品是标准化的半成品。配送中心把任务提交给厨房后，就会去做计算和分件。供应商把原材料送过来之后，厨房把原材料做成半成品，配送中心再通过自己的物流车队送到不同的门店。

这种模式的优点在于它把品质标准化了，每个门店也没损耗了，因为门店用的都是标准化的产品，库存也是可控的。而缺点是它的生产成本非常大，管理成本和配送成本比其他几种模式更高，特别是厨房的生产和管理成本非常高。

随着互联网餐饮的发展，生产链和供应链一体化趋势越来越明显，从上游的种植到下游的出品全环节都可信息化追溯，农场、工厂、仓库、冷链物流、餐饮企业都在一个信息化系统里相互连接和沟通。这样的供应链系统是一个食品安全的溯源系统，能追溯到每一个环节和源头，安全追溯则意味着风险的分解和分配。餐饮企业通过供应链系统信息化，会产生第三方冷链物流服务。当有数据积累以后，中间环节也可以大量缩减。如此，就把供应商和餐饮商从博弈关系变成合作伙伴，未来他们可以在统一的信息化管理系统里寻找更好的成长之道。

控制成本，从源头把好物料入库关

仓储是大中型餐饮企业采购环节中重要的一项工作。这项工作的主要任务是：保管好库存物料，做到数量准确、质量完好，确保安全，收发迅速，降低费用，加速餐厅资金周转。

一些餐饮企业物料仓储不规范，采购的原材料、调料品、物品直接进入厨房，尤其是调料品，直接由厨师开放使用；有的物料企业批量买回来后，直接由厨房人员进行管理，若没有了，只管下单购买即可；有的物料企业批量买回来后，随便找地方放着，用到一半时，才发现变质了，且有的物品已经不知去向……

以上这几种做法，都会导致这样的情况：厨房成本浮动大，不利于成本的控制与管理。对员工来说，没有自我约束，只管使用，却不懂得节约成本。有的厨师干脆把厨房的调料或者原材料带回家使用。这些不良的个人习惯，不但不利于餐厅的管理，也会直接影响餐厅的利润。

优秀的餐饮企业都十分注重采购中的入库管理，这样可以减少库存，做好厨房的成本控制，抓住每一分利润。

百胜中国下属的上海肯德基有限公司，在全国开设的餐厅多达1700多家，在上海开设了200多家分店。在快速的发展过程中，肯德基形成了自己的一套物流管理模式。从供应商到配送中心再到餐厅，一环紧扣一环，层层相连。尤其是肯德基在采购环节中的最后一项工作——入库管理做得很有特点。

一是严格的物资入库管理。入库的货品的外包装均完好无损，无污染，尤其是食用产品必须无污物。入库前的货品，均需在其箱体表面贴上该物品的时间卡标识，标出产品名称、生产日期、到期时间和厂家。入库后，必须按照“先进先出”的原则进行摆放，即按照货品生产的时间先后顺序摆放，先生产的放在最外面，这样就能在很大程度上避免使用过期货品。

二是仓储时严格遵循“6-2-1”原则。仓库内的货品摆放除了“先进先出”的要求以外，还有一个“6-2-1”原则，这也是仓库内摆放的重要法则。6，即离地“6英寸”。所有的货品不管是食品还是包装货品，都必须存放于高于6英寸的货架上，所有货品入库后，绝不允许放置于地上，这样会产生交叉污染；2，即离墙“2英寸”。除了不能直接接触地面外，在库内，货架与四周的墙壁之间也是分离的，所有的货物都必须离墙壁2英寸放置；1，即间隔“1英寸”。意思是货物与货物之间相距不能低于1英寸，这样可避免两物品之间的相互污染或是串味等。

肯德基的快速发展，以及在快餐行业强大的竞争力，不能不说与它的仓储模式有相当大的关系。这给一些中小餐饮企业带来一个启示：在利润空间越来越小的餐饮市场，企业应根据自身情况，采取灵活有效的入库管理，以降低损耗，控制成本。

在实际工作中，餐饮企业该如何做好这项工作呢？

一是轮岗验货，责利两清。

说到采购物品的质量，验货是最好的证明方法。总厨不可能天天亲自验货，但他可以和大家一起轮岗验货。做好这项工作，需要注意这么几点：

（1）仓库验货时，需有两人以上在场，一个是仓库管理员，一个是厨房或楼面验货人员。仓库管理员在每件材料过秤后，或清点数量后，需在送货单的数量旁边用数字大写的方式予以确认（前面加“￥”，后面加“／”）。确认收货后，在收料通知单上填写所收物料的规格、数量，并加盖公章，或签字确认。

（2）收货当天，全部入库的材料需要按照实际收到的数量依次录入仓库系统，并打印入库单，交由各部门负责人（厨师长、店长），再次签字确认数量。

（3）有些海鲜或冻品有一定的损耗，一定要统计会出相关产品的损耗率。仓库在验货称重时，要严格按照此标准执行。

除此之外，库管要严格把关，有以下情况时可拒绝验收或入库：未经总经理或部门主管批准的采购；与合同计划或请购单不相符的采购物资；与要求不符合的采购物资。

二是财务对账，分毫不差。

在入库的时候，要同时做好两方面的工作：一是审核仓库交来的单子是否齐全，包括入库单、供应商送货单、有部门负责人签字的申购单（特别是低值易耗品和物料品）、交货单；二是财务部必须检查仓库入库单的入库单价是否与报价单的单价一致，若不一致的产品是否有总经理签字的调价备案。

三是严格保管，要“齐清定”。

原料入库后，要按照要求进行严格保管，以做到保鲜、防损。做好这项工作，可以遵循“齐清定”原则，也就是物品入库后，需按不同类别、性能、特点和用途分类、分区码放，做到“二齐、三清、四定位”（见图3–6）。

二齐

物资摆放整齐；库容干净整齐

三清

物品清；数量清；规格标识清

四定位

按区、按排、按架、按位定位

图 3–6 原料摆放原则

另外，仓管员要加强对仓库日常防火、防盗、防潮、防漏、防虫工作，注意清洁卫生，定期实施安全检查，并对常用或每日有变动的物资要随时盘点，若发现误差须及时找出原因并更正。

规范采购制度，堵住采购漏洞

餐饮企业多为私营企业，并且以家族式管理的居多。面对采购这个“肥差”，许多经营者安排自己的亲信来担任，他们认为即使捞了“油水”，好歹也是“肥水不流外人田”，但从来没想过要建立一套监督管理体制，这也使得很多的餐饮企业经营者难以掌控企业的采购行为。因此，餐饮企业一定要制定采购制度。

赵先生做餐饮多年，对做好采购工作很有心得。他开了3家料理店，为了让采购有序、高效，他制定了“三权分立”的采购制度。也就是说，在采购前，会先组建一个采购小组，通常由采购部、厨房部、财务部各派一人组成，一起负责供应商的选择、原料的检验及结账。同时，执行分级定价方案，有效制约投标人、定价人及采购部三方。即每当投标时，由定价人和采购部人员共同开箱，投标人输入投标价，厨房部和采购部从另一方输入市场询价，由定价人根据三个渠道得来的原材料价格信息进行比较、筛选，最后再根据综合情况进行定价，三方不见面。

对于后厨购进的所有原料需经采购部、厨房部、财务部三个部门的人员验收合格，三个部门负责人都签字后才可以结账。这种三个部门的相互协作与制约保证了采购环节无懈可击，采购过程中常见的回扣、注水等事情就都能得到避免。

有人不解，问赵先生：“如果这三个部门负责采购的人串通一气，同吃回扣不就可以一手遮天了吗？”

赵先生说：“这种情况发生的概率很小。为什么这么讲？一方面，一个人作弊容易，而多人作弊就难了，每个人都得考虑参与的人越多越易败露的问题，而且每一个负责采购的人对其他人都不了解，所以不敢轻举妄动。”

可见，建立有效的制度，不仅能提升采购的透明度，还能让自己省心省事，同时还能让员工放弃非分之想。可谓是一举多得。

因此，要做好采购，不能老板处处把关，更不能只凭信任，而是要靠制度。好的采购制度主要在以下几个方面下功夫：

一是建立原材料采购计划和审批流程。

餐饮企业应建立原材料采购计划和审批流程（见表3–2），以保证采购按计划有序进行。厨师长或厨房部的负责人每天晚上根据经营收支、物资储备情况确定物资采购量，并填制采购单报送采购部门。采购计划由采购部门制定，报送财务部经理并呈报总经理批准后，以书面方式通知供货商。

表3-2 原材料采购计划和审批流程

步骤	责任人	工作内容
1. 后厨开具菜单	后厨	掌握当日库存情况，预测明日原材料用量
2. 交与采购员	后厨	采购员签字，责任转移
3. 根据菜单采购	采购员	要严格按照菜单购买，把关质量，购买完毕后交于库管员
4. 库管菜品验收	库管员	确认是否与下达菜单相符，实物是否与原始单据相符
5. 验收后开具库单	库管员	原材料名称、数量、单价填写清楚，金额计算正确，入库单一式三份
6. 入库单交与财务	财务人员	审核入库单是否按标准开具
7. 单据存单	财务人员	单据按类别、日期分开存放

二是建立严格的采购询价报价体系。

财务部设立专门的物价员，定期对日常消耗的原辅料进行广泛的市场价格咨询，坚持货比三家原则，对物资采购的报价进行分析反馈，发现有差异及时督促或纠正。

三是建立严格的采购验货制度。

库存管理员对物资采购实际执行过程中的数量、质量、标准与计划以及报价，通过严格的验收制度进行把关。发现有质次、量少的原料，要拒绝入库，并登记、上报。

四是建立严格的报损报丢制度。

对于高档食材，如海鲜以及烟酒的变质、损坏、丢失等，应该制定严格的报损报丢制度。报损单汇总每天报总经理。对于超过规定报损率的，要说明原因。

五是严格控制采购物资的库存量。

根据企业的经营情况合理设置库存量的上下限，如果库存实现了计算机管理可以由计算机自动报警，及时补货；对于滞销菜品，通过计算机统计出数据及时减少相应原材料的采购数量，或停止长期滞销菜的供应，不再进货以避免原材料变质造成损失。

六是建立严格的出入库及领用制度。

制定规范的库存管理出入库手续，以及各部门原辅料的领用制度，烟酒、鲜货、肉蛋、调料杂品等制定不同的领用手续。

优秀的餐饮企业，一定是靠制度管人、管理。只有用好制度，把人为因素降到最低，才能从根本上堵住采购漏洞，从而控制采购成本。

运 营 策 划

采购漏洞该堵还是防

小李开了家火锅店，一个月的营业额有40多万，正常来说，怎么也有10万左右的纯利润，但是等到月底算账发现，纯利润竟然为零！在所有开支中，菜品的采购款就有20多万。小李经过一番调查，发现是采购出了问题，于是他更换了采购人员。可是火锅店的采购问题依旧没有得到改善，小李很想自己亲自上阵，但又没有时间。后来，他建立一套采购制度，但是都停留在纸面，无法实行。

再后来，他想了一个高招：让三个人去买菜，两人负责买，一个人复秤。结果怎么样？除了整天吵架，仍然解决不了问题。自己经营的又不是什么暴利生意，一个人能干的活，三个人干，饭菜成本怎么能降下来？

没办法，小李只好请三大爷、二大妈等亲戚来做采购。结果，火锅店赔得更厉害。开业半年，没赚到一分钱，光采购问题就把小李搞得筋疲力尽。他急需一个高效实用，而且能够落地的方案。

有餐厅的地方，就有采购环节。有采购环节，就难免会出现漏洞。实际上，漏洞是很难堵住的，解决问题，关键还要靠防。防止采购出现问题，可借鉴以下方案：

一是交易不用现金。

管过餐饮企业的人都知道，无发票且质量和价钱每天都在变化的菜市场中，采购员抵御诱惑的能力很差。如果用现金结算，很有可能会被动手脚，毕竟现金是很难追查的。现在支付方式较多，可选择微信、支付宝、银行卡等电子支付。

二是签订协议，凭票结款。

为了保证食材新鲜，小李的火锅店需多次采购，这就会增加采购成本。为了节省成本，可以找几家稳定的供应商洽谈。由公司的采购人员或小李亲自去谈，谈好后1周或者1月结1次款，凭票结款。这样一方面可以保证供货质量和食品安全，另一方面也可以在一定程度上避免采购人员利用自身职权虚报采购数量。

三是将成本率及毛利率作为绩效考核。

以毛利率或者指定材料的成本率作为考核指标，简单来说，就是采购了多少的原材料，就要保证多少的营业收入。如果采购员多报了采购数量，那么根据餐厅现有经营数据，可以推算相应的营业收入。这样也可在一定程度上避免采购员造假。

第四章

CHAPTER 4

后厨管理：抓好两头，让后厨跟着前厅走

三分技术，七分管理。后厨管理是整个餐饮管理的一个重要组成部分，后厨的管理水平及制作的菜肴质量，直接关系着餐饮企业的效益。因此，做好后厨管理，关键要做好人、财、物的安排与控制，以保证厨房的高效运转。

后厨也是江湖，厨房老大要轮流坐

餐饮业是一个人员流动较大的行业，这就决定了人员管理是个难题。

相对于前厅，后厨可以说是餐饮企业的核心部门了。

许多餐馆经营不善，问题都出在后厨，尤其是后厨的人员管理上。在很多情况下，一家餐馆的大厨扮演着很重要的角色，非一般跑堂的能比，有时俨然就是餐厅的二老板。平时，他们不但为其他人分配工作，还要传授技艺，绝对是后厨的“老大”。对于新来的小弟，想混得好，就得事事听“老大”的。如果餐厅老板任由这种情况发生，或者视而不见，那局面就会越来越难驾驭。

张老板投资300多万元开了一家餐厅，地点选在繁华的商业区。经过初步核算，每天的营业额需要达到3000元，才能勉强保本。为了提升竞争力，他什么都追求一流。用他的话说，月薪1.5万元请了一位“神级”大厨。大厨到任那天，他还特意在内部举行了一个欢迎宴。在所有员工面前，张老板把大厨捧上了天，还说：“李大厨屈尊来到我们这里，很给我面子，今后我们要全力配合李大厨的工作。”

之后，张老板把整个后厨都交给了李大厨，人员由他调遣，甚至招聘、采购、菜品研发等也让他参与其中。有了老板的绝对信任，李大厨也不把自己当外人，很快就进入了角色，对管理工作做得井井有条，餐厅的生意也有了一点起色。3个月后，李大厨稳稳地坐实了后厨老大的位置。随后，大厨就开始不断地更换人员，排除异己，一时间，其他员工有了很大的意见。但是每次，张老板都选择站在李大厨一边。由于餐厅已经盈利，李大厨就向老板提出加薪要求，但是被拒绝了。

后来，有员工向张老板私下反映，李大厨做事很霸道，从来不顾大家的感受，而且拉帮结派。张老板觉得这是他们私人恩怨，就没有理会。快年底时，正是生意最火的时候，李大厨突然说：“我不想干了，给多少钱也不干了。”张老板极力挽留，未果。李大厨走后的一周，后厨一多半人都跟着离开了。原来，李大厨带着这帮人马投奔到其他餐厅了。这让张老板又气又急。

其实，这样的事情很常见。老板失去了对后厨的控制，致使后厨形成了很浓的江湖氛围，县官不如现管，大家都唯“厨老大”马首是瞻。最终，被坑的还是老板。

所谓后厨管理无小事。有些老板为了防止类似事情发生，一般会安插一些自己人。其实，这种方法不是长久之计，要想管理好后厨，尤其是后厨的“老油条”，一定要使用恰当的方法。

一是让后厨人员轮流做老大。

让餐厅里的头锅师傅、砧板老大、面点老大在做好本职工作的前提下，轮流做一周的厨师长。在他们当厨师长之前，可以给他们规定了一个大体框架，比如不允许迟到、不许留长发、不留卫生死角等。

二是做好沟通工作的同时，要适当进行约束。

比如，老板在中午可以和代班厨师长一起吃饭。吃饭的时候，就遇到的问题商量和找出解决办法。如果新采购来一批货，在验货的时候，由代班厨师长负责，老板进行抽查，若验货不过关造成损失，由代班厨师长负责。通常，代班厨师长都会认真对待自己的工作。毕竟，人都是要面子的，想在别人面前表现自己，你自己都做不好，怎么领导下面的人？

三是进行必要的激励。

给员工一个“官位”，本身也是一种激励。同时，也要进行口头激励，如他哪些方面做得比较好，要及时当众指出来，这样代班厨师长因受到激励而更有工作热情。需要注意的是，代班期限最好一周一次。代班结束后，由代班者提出一些意见和建议，然后合理采用。这样，既可以节省自己的精力，又可以对代班者进行监督。

这种“老大轮流坐”的做法，可以提升后厨管理者的自律，提升他们的工作效率与责任意识。更重要的是，可以避免后厨形成江湖习气，或者是拉帮结派现象，让每个人都有公平、公正展示自己的机会。

别放任裙带关系，该插手时就插手

在餐饮行业，大多是师傅带徒弟、同门兄弟相互介绍工作的方式，所以小帮派的存在很难避免。对此，许多老板的做法是，只要不影响工作，没必要管得太多。当然，这是有前提的，比如能控制和避免两件事：一是避免集体跳槽；二是避免打架斗殴。

有些人为了巩固自己的地位，会带一批人过来“投奔”，老板求才心切，以为找到了很牛的团队，就会容忍他们搞些小帮派。结果，这些人很快就在后厨形成了自己的圈子，甚至完全控制了后厨，而这也会成为他们与餐厅讨价还价的筹码。

刘先生经营了一家餐厅，名叫“刘老汉”，店面不大，主打川、湘、豫多个菜系。每个菜系都配备了一名主厨。平时一有时间，刘先生就让大家坐到一起，共同探讨学习如何改进菜系，大家嘴上讲得头头是道，但在经营过程中，却各自为战。因为每个菜系的“老大”都是核心员工，老板也高看他们一眼，但他们谁也看不惯谁，工作中缺少团结，这严重影响了出菜速度。怎么才能把他们捏合成一个团队呢？这让刘先生伤透了脑筋。

后来，他听人建议，设立了一个总管，来协调各个菜系的老大。但是没有从根本上解决问题，大家还是各顾各的，而且都在发展自己的人，谁也不甘示弱。

为了解决这个问题，刘先生只能重新组建团队，重新配备人手，而且要求每个厨师必须会做川、湘、豫菜，这样才避免了人员之间的内耗。

物以类聚，人以群分，这是恒久不变的定律。在餐厅里，厨师群体分门别派尤为严重，甚至会影响到餐厅的经营和管理。那么，如何有效杜绝厨师拉帮结派呢？

一是要做好招聘，从源头上杜绝。

为了避免厨房帮派问题，可以从源头上着手，方法有两个：第一，从不同的地方招聘厨师；第二，用不同的招聘方式。比如，一个厨房需要30人，就要注意招聘不同省市的厨师，以避免同乡“扎堆”，一个省的厨师人数不要太多；要均衡南北方厨师的数量，因为在厨房，南北分派也很严重。

在招聘方式上，可以采用三种方式：网上招聘、报纸广告招聘和人才市场招聘。网上招聘是效果最好的，人多、来源又分散；报纸广告招聘次之，因为一般刊登广告的报纸地域性强；到人才市场招聘，主要招酒店高层管理人员。厨师界很流行相互介绍工作，一个人在这里干得不错，就会介绍几个朋友过来。遇到这样的情况，除非介绍来的人曾经有非常好的业绩，一般不宜接受。有时候聘请一个大厨，他会带着配菜、打荷等小班子一起过来，这样很就容易排外，形成小团体。对这样的情况，餐厅可以做些规定，如任何大厨只能带一个助手。

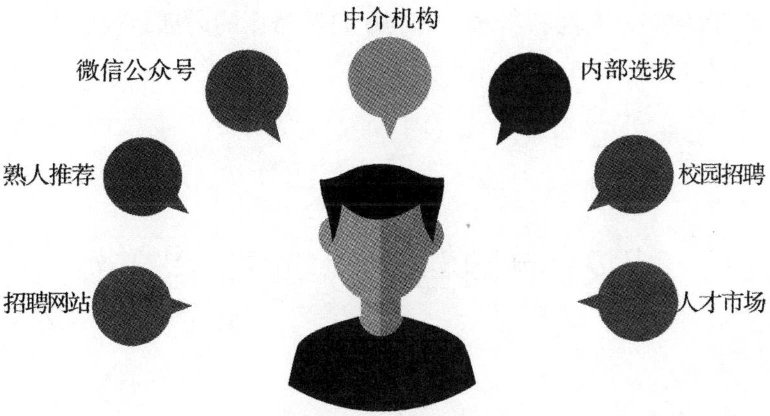

图 4-1　餐饮企业常用招聘渠道

二是适当提成，学会用钱“绑”人。

在后厨，可以用利益把全体人员系在一起，分帮派、不团结、合作不好的处理后果就是工资降低。具体来说，就是把厨房的人员分成几个合作小组。只有组内合作好了，每个人的工资才有可能提高；然后几个小组之间人员按时间互换，使厨房内每个人之间都有合作机会，每个人只有在每段时间和当时合作的组内人员合作好，才能保持长时间的高工资。比如，每个炒锅手下有打荷、砧板、配菜、粗加工等几个人，他们作为一个组集体出菜，每个组的出菜数量、质量、速度、顾客反馈都跟这个组的人员工资提成挂钩，比如一道菜，整个组的利润提成是5%，然后根据贡献大小，具体到每个人再有不同的利润提成。这样，厨房里每个人之间都有合作机会，都有可能利益相关，从而避免小圈子、小帮派的产生。

三是做好平衡，巧妙利用“对立”。

帮派形成之前，预防很简单，但一旦形成再拆散就不那么容易了。处理这种事情的经验是：“堵”不如“疏”。一旦有了小团体，就要学会“驾驭”他们。如分别找他们各个团体的领头人谈话，了解他们的争议是什么，再设身处地地为他们着想，比如“怎么做大家才有饭吃”“怎么做，他们的小团体待遇会更高”。适当的时候，可以利用他们之间的“对立”，让他们在工作中有竞争意识，这样效果反而会更好。

除此之外，解决帮派问题，还可以多组织一些大范围的集体活动。集体活动，让帮派成员之间有比较多的互动和沟通，有利于打乱帮派的内部结构。

做好原料管理，保鲜是关键

原料存储是后厨管理的一项重要工作，也是管理好餐厅、节约成本的一个重要环节。“民以食为天、食以安为先”，原料安全关系着食品安全，影响着企业的声誉。餐饮食品安全关系到诸多环节的把控，其中，原材料的新鲜品质是影响菜品质量优劣至关重要的一环。

为从源头保证菜品的安全，不少餐饮企业除了对供应商进行严格筛选、统一采购外，还在配送环节注重对原材料的保鲜、保质，并且对原材料的储存规范创新，以把控菜品出品过程的质量。

北京老字号“全聚德”，除了规范供应商，把控原料源头外，对各类原材料、半成品的存放也进行了创新管理。每家全聚德都在中心厨房统一储存原材料，按每天的用量，对各楼层专间厨房配送，并依据ISO管理程序，规定所有原材料必须明示生产日期标签、分类储存、限定数量、先进先出。

在保证原料质量、安全同时，厨师还进一步对储存的细节进行改良。如原材料的储存容器变保鲜膜为不锈钢保鲜盒，保鲜盒不仅密封好，整洁卫生，而且容易量化原材料的数量。同时，保鲜盒可以重复使用，一年可为企业节约大量的保鲜膜，从而节约不少成本。而对加工好的原材料，全聚德实行按规定的计量标准装盒，每盒固定标准为1000克。

同时，全聚德坚持对工具、标签分色管理。采用不同颜色的工具对原料进行装配，红色包装盒装生肉类，绿色包装盒装果蔬类，蓝色包装盒装水产类，白色包装盒装熟食，避免原料的交叉污染。再用不同颜色的打印纸，在半成品原料包装盒标注生产日期，做到新陈分开，实现产品的可追溯。

对于大多数餐饮企业而言，在经营过程中，每天需要保鲜的原料主要有六类，下面分别介绍下各类原料的保鲜方法：

一是蔬菜类。

除去败叶、尘土及污物，保持干净，用纸袋或多孔的塑胶袋套好，放在冰箱下层或阴凉处，趁新鲜食用，储存愈久，营养损失愈多。冷冻蔬菜可按包装上的说明使用，不用时保存于冰冻库，已解冻的不再冷冻。在冷藏室下层柜中整棵未清洗过的，可放5~7天，清洗过沥干后，可放3~5天。

二是鱼类、肉类。

鱼类种类较多，多数鱼类的保鲜方法为：除去鳞、鳃、内脏，冲洗清洁，沥干水分，用清洁塑胶袋套好，放入冷藏库（箱）冻结层内，但这种方法不宜储放太久，保鲜期3天内为宜。

肉在保鲜前先要清洗干净，沥干水分，装于清洁塑胶袋内，放在冻结层，但也不要储放太久。若要碎肉，应将整块肉清洗沥干后再绞，视需要分装于清洁塑胶袋内，放在冻结层。假若置于冷藏层，时间最好不要超过24小时；解冻过的食品，不宜再冻结储存。

三是调料品。

调料品要储放在阴凉干燥处或冰箱内，不宜储放太久。拆封后尽快用完，若发现品质不良时，即停止使用。如番茄酱未开封的不放冰箱，可保存1年，开封后应放在冷藏室；沙拉酱未开封的不放冰箱，可存放2~3个月，开封后放冰箱冷藏；花生酱放冰箱可延长保存期限。

四是豆类、乳品和蛋类。

干豆类略为清理保存，青豆类应漂洗后沥干，放在清洁干燥容器内。豆腐、豆干类用冷开水清洗后沥干，放入冰箱下层冷藏，并应尽快用完。

瓶装乳最好一次用完，未开瓶的鲜奶若不立即使用，应放在5℃以下冰箱贮藏。未用完之罐装奶，应倒入有盖的玻璃杯内，再放入冰箱，并尽快使用。会滚动的罐装或瓶装牛奶，最好不要放在冰箱门架上。乳粉以干净的匙子取用，用后紧密盖好，仍要尽快使用。奶油可冷藏1~2周，冷冻2个月。

保存鸡蛋时，先擦净外壳，钝端向上置于在冰箱蛋架上。新鲜鸡蛋可冷藏4~5周，不可放入冷冻室。

五是水果类。

同蔬菜类。先除去尘土及外皮污物，保持干净，用纸袋或多孔的塑胶袋套好，放在冰箱下层或阴凉处，趁新鲜食之，储存愈久，营养损失愈多。去果皮或切开后，应立即食用，若发现品质不良，即停食用。水果打汁，维生素容易被氧化，应尽快饮用。

六是酒类。

酒类的储存是有讲究的，因为酒类极易被空气与细菌侵入而导致变质。凡酒类储存的场所，需注意以下几点（见图4–2）。

01 位置：应设各种不同的酒架，常用的酒如啤酒放置于外侧，贵重的酒置于内侧

02 温度：所有的酒保持在室温15℃的凉爽干燥处

03 光线：以微弱的能见度为宜

04 不可与特殊气味物并存，以免破坏酒的味道

05 尽量避免震荡，致丧失原味，所以密封箱不要经常搬动

06 放置阴凉处，勿使阳光照射到

图 4-2 酒类保存的六大要点

大多数餐馆为了节约成本，都会批量采购，尤其是夏季，采购来的原料如何保鲜、保质，是餐饮企业必须做好的一个环节。若这一环节做得不好，会直接导致原材料变质、腐烂，造成不应有的浪费，使经营成本增加，甚至给餐饮企业经营带来风险。

做好卫生管理，让后厨“亮”起来

许多顾客都有这样的感受，某家餐馆的饭菜很有特点，也经常光顾，但是偶然间走到后厨，心里一下子就会凉半截。为什么？因为后厨的卫生实在让人失望。因此，许多餐饮企业都有一个不成文的规矩，一般不会让顾客接触后厨。这也是为什么一些向顾客开放厨房的餐馆，让顾客觉得很新鲜的原因。

向顾客开放厨房是一件很简单也很平常的事情，但是许多企业不敢做，也做不到，就是因为后厨卫生状况实在糟糕。一家优秀的餐饮企业，一定是卫生管理做得非常到位，对厨房卫生管理与控制是全方位的、严格的，不会有半点马虎。

某知名连锁餐饮企业在业界享有良好的声誉，全国分店众多。2017年，有媒体曝

光该企业在北京一家分店的后厨卫生脏乱差，而且有厨师偷吃菜品、扫把洗锅，以及死鱼当活鱼卖等黑幕。有记者实地暗访时，还多次与老鼠擦肩而过，后厨到处都是老鼠屎，餐盘上的死蟑螂也没有人清理。在进行配菜等操作时，厨师不戴手套和口罩，都是徒手作业。如做水煮牛肉前需用生粉搅拌牛肉，巴沙鱼在下锅前需要拌匀香辣酱和蛋酱时都是直接用手搅拌。

一个估值达几十亿元的餐饮连锁品牌，就此陷入舆论的漩涡，一时间名声扫地、岌岌可危。

在实际经营中，有些餐厅对自己生产的产品卫生没有足够的重视，以马马虎虎的态度对待，结果售卖过期、不卫生的菜品，甚至造成顾客食物中毒等，给餐厅带来经济损失或灭顶之灾。因此，餐饮企业要进行严格自我监督，在后厨尽可能做到5S管理（见图4-3），以确保餐厅的卫生安全。

图 4-3　后厨 5S 管理

对一家餐饮企业来说，以下几方面的卫生必须做到位，并积极地展示给顾客，这会让企业树立起良好的形象。

一是厨房人员卫生管理。

做好内部卫生管理，首先要从厨房人员做起。厨房人员直接接触菜品，应统一着装，按统一卫生标准操作。除此之外，应要求厨房人员做好个人卫生，避免对菜品造成直接的污染。为此，餐饮企业最好制定一个操作规范或卫生制度，让全体员工执行，同时做好监督。

二是原料卫生管理。

为了预防食品原料被污染，原料的卫生管理必须做到对每天验收的原料保持新鲜。验货人员严格执行对原料验收的统一标准，及时发现遭受污染的原料，督促和监督采购人员和各班组组长不得采购或验收不合格或是没有食品卫生安全检验标志的原料。库房不得收存“三无”产品的原辅调料及食品加工用具，从而保持厨房环境、餐具、用具的卫生。

三是生产卫生管理。

由于大量的人工操作，生产加工阶段是食品卫生安全管理的重点和难点。因此，餐馆必须完善厨房食品卫生的操作程序，让相关的加工人员熟悉食品原料的保质期及保鲜期，不符合标准的不得进行深加工。食品的解冻方法要正确，尽量缩短解冻时间，避免在解冻中受到污染。同时，要向每位厨房人员强调食品卫生安全的重要性，要求每位厨房人员在工作中树立高度的卫生安全意识和责任感，严格按卫生程序操作进行加工、烹调，并落实到岗、责任到人。

四是设备、厨具卫生管理。

加强员工对设备及餐具的消毒使用意识，如：刀、砧板、毛巾、烹饪设备和工具、冰箱、抽油烟机等要注意保持卫生，同时注意安全使用，用过的设备、厨具要及时清洗、分类、归位。必要时，可以专人专用，防止交叉使用。

五是环境卫生管理。

加强对厨房内所有产品的加工间、储藏间、洗碗间、员工更衣室和卫生间、垃圾房的卫生管理，包括员工的随手清洁，这些都是餐饮企业卫生管理的重点。

餐饮业的最终产品是食品，必须符合食品卫生质量要求。毫不夸张地说，食品卫生是餐饮企业发展的基石，也是一项重要的形象工程。要想赢得广大顾客的信赖，首要问题就是保证食品卫生干净、安全可靠，保障顾客的食用安全。

节约无处不在，学会对后厨“开刀”

餐饮行业都不少这样的现象：发展越快，浪费就越严重。尤其在当下，线上餐饮发展迅速，后厨成本也跟着越来越高——餐饮企业对菜品进行研发、升级，加上使用好的厨师，用人成本非常高，所以后厨的成本直接决定了企业的利润空间。

餐饮企业要节约成本，必须学会对后厨“开刀”。特别是大一点的餐厅，一定要减少不必要的浪费，以增加厨房的效益。

某餐厅的特色菜是北京烤鸭。以前一只烤鸭片好肉后，剩下的骨架就丢弃了。其实，残留在鸭架子上的烤鸭肉积累起来也不少。于是，这家餐厅变废为宝，推出了一道新菜：将鸭架子剩余的肉取下，剁成小丁后加入少许笋丁、香菇丁炒出香味。再取价格低廉的鸡胸肉剁成蓉，抹在油豆皮上，然后将炒香的鸭架子肉放在鸡肉蓉上，将油豆皮卷成卷，油炸后改刀成块，搭配味汁蘸食。此菜成本只有6元，售价为28元，毛利率接近80%。

可以说，这道菜成本节省到家了，不但变废为宝，还实现了盈利。受这个思路影响，该餐厅又先后推出几道类似的菜：黄鳝骨洗净后跟其他淡水鱼的鱼头和鱼骨一起熬汤，鲜味特别足；猪肉皮洗净，焯水后加入葱段、姜片、料酒煮透，然后切成细丝，与胡萝卜丝、莴笋丝、鲜虫草花凉拌，口感特别好；木瓜皮洗净后放入榨汁机内，倒入少许清水榨成汁，用来浆牛肉，嫩肉效果相当棒。

如此一来，不但节约了成本，而且做出了特色，获得了顾客的好评。类似这样的菜品每天都会卖出上百盘。因此，餐厅每月的利润一下子增加了七八万元。

从案例中可以看出，节约也需要创新，创新赋予了菜品更多的附加值。对于一般的餐厅来说，搞类似的创新显然不切实际，就需要切实从点点滴滴做起，从细节处一分一分节约利润。

一是用对了，下脚料也是好食材。

厨房里，通常会在砧板边堆满各式各样的下脚料，这些看似派不上用场的东西，会被大手大脚的厨师顺手倒进垃圾桶。虽然都是些不值钱的东西，但积累下来是一个惊人的数字。怎么用好下脚料呢？有这么几个思路：首先，分项建立各种下脚料的加工方法并强制执行；其次，对能用下脚料做出有特色菜品的厨师进行奖励；最后，做好监督，每天翻看垃圾桶，看有无浪费。

杜绝这种浪费，要从制度和工作程序上下功夫，增强厨师的节约意识，学习哪种原料可以合理利用。

二是避免储存过程中的浪费。

原调料在储存中造成浪费的最主要原因是：储存方法不正确。这类情况不仅需要多学习一些已有的方法，还要在实践中不断摸索创新，总结出一套行之有效的储藏方法。因此，餐饮企业要建立合理的原料库存制度，根据原料的特性，可以建立和制定存储、使用方法。如制定一种更好的调料添加程序：在倒入新盐时，把容器内剩余的部分先倒出来，放入新盐后，再将倒出来的那部分放在最上面。这样，最先用光的就是以前的了，既保证了盐的质量，又不至于造成成本浪费。

在原料的使用上，要坚持“先存放，先取用”的原则，不让原料在存放时因过了保质期而造成浪费。入库时，要认真查看原调料的保质期并做好记录，对保质期短和数量较多的物品分类，并且要和仓库、采购员沟通，保证能在保质期内用完。

三是减少冗员，节约人工成本。

现在的人力成本越来越高，如何更好地利用人力，就成为厨房管理者的一大难题。许多餐饮企业在这方面都找到了好方法。有一家中餐厅，原来凉菜间需要6个人才能正常运转，后来，将人数调整为4人，并对工作时间进行了微调，菜品总数和品种都没变，4个人干原本6个人的活却游刃有余。以前凉菜间的上班时间是9：30~13：30、16：00~21：00，现在老板要求他们每天早上安排一名厨师早上班一小时，提前制作需要加热的冷菜，中午14：00~16：00再安排一名厨师值班，提前制作晚餐需要的冷菜，晚上还要安排一名厨师工作到22：00，提前准备第2天需要的东西。经过调整后，凉菜间从8：30~22：00每个时间段都有人在工作，效率也大大提高了。

后厨团队经精简，不但可以提升每个人的效率，减少人员浪费，同时，这样也大幅节约了用人成本。

四是节约用水，做好二次利用。

众所周知，餐饮企业是水电消费大户，每月的水电费会占经营成本的很大一部分。这就要求企业必须用好每滴水、每度电。有些餐饮企业在这方面做得不错，如为了降低水的消耗，规定泡洗青菜的水和蒸箱放出的热水必须二次利用（见图4-4）。

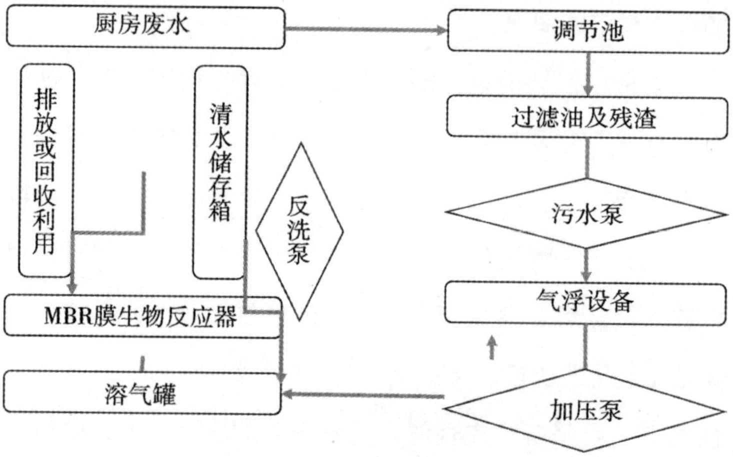

图 4-4　厨房废水二次利用示意图

泡洗蔬菜的水，可以再次利用，如用它来洗土豆、山药这种带有大量泥土的根茎类食材，丝毫不会影响清洗效果。蒸箱里放出来的热水加入少许洗洁精拌匀，用来冲洗地板或者清洗带有大量油脂的餐具，效果也不错。

出菜速度慢，耽误的不只是顾客的时间

很多时候，客人衡量一家店的优劣，就是一个“快”字：作为厨师，你快1秒钟，顾客的感觉就是快了1分钟；你快1分钟，顾客的感觉就会是快10分钟。只要出菜速度快，就能使顾客感觉“这家餐厅不错”。反之，如果总是被顾客催菜，磨掉的不只是顾客的耐心，更是餐馆的生意。

所以，出菜的速度关系到餐厅的生意。一般来说，餐厅生意越好，走菜就越快，除非是生意特别火爆、好多客人等座的那种。这是因为餐厅生意稳定、客流量多了，后厨的配菜、打荷人员就能总结出规律，随后根据以往走菜的情况有针对性地备菜。

某餐厅刚开业，前来尝鲜的客人不少。

几个客人进店后，服务员问：“我们这几天有些新的套餐推出，只要买上述任何一款套餐，只要加4元，就有咖喱鱼丸送。”

于是，顾客点了一款26元的茶树菇排骨饭，再加了一份4元的咖喱鱼丸。但是，出乎意料的是，餐厅不能立刻做出鱼丸，还说要等上一小会儿。顾客觉得奇怪，既然现在全力推出新产品，就应该有提前准备吧。等了10分钟，鱼丸还没好，顾客忍不住催服务员，问他们鱼丸做好了没有。

服务员又去问厨师：“咖喱鱼丸好了吗？客户在催了。”

厨师说：“快好了。”

“大概还要多久？”服务员理解顾客的感受，帮着多问一句。

厨师说：“10分钟。”

服务员告诉客人说：“鱼丸还要10分钟才出来。”

客人有些不耐烦，说：“排骨饭都吃完了，鱼丸还没有上来，那我不要了，退我钱吧。”

服务员说：“不能退，已经在做了。”客人只好说：“那就算了。”然后转身离开。

即使茶树菇排骨饭再好吃，这位顾客也会因为这次不愉快的经历，而不会再次光

顾了。咖喱鱼丸才4元，却因上菜慢，砸了餐厅的牌子。

那么，如何才让出菜在保证质量的情况下，速度更快一些呢？有几个现成的绝招可供参考：

一是通过电脑自助点菜。

电脑点菜（见图4–5）已成为大趋势，点菜员在掌上电脑一点，后厨那里就直接打印出来了，然后就会有专门的人准备菜品所需要的原材料，与厨师分工合作。电脑点菜，节省了传统手工点菜的时间，使得后厨获得的时间更充裕，也能保证菜品信息的传达无误。

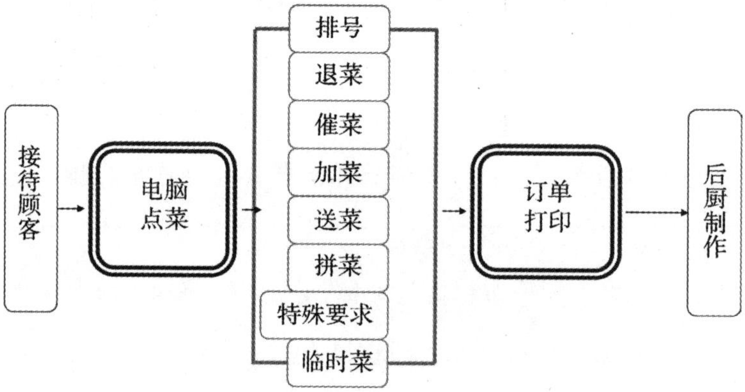

图 4–5　电脑点菜流程

二是现炒热菜占总菜量的三成。

要想解决厨房人手短缺的问题，最重要的还是要在菜品设计上下功夫。冷菜、面点是比较好控制的，因为可以大批量提前制作，所以在人手问题上比较容易解决。

热菜是最费时间的，因为所有的菜品都要在灶台上烹调而成，“塞车”是再正常不过的事情了。为了解决这个问题，除了要对很多菜品提前预制外，还要在菜单设计上下功夫。一般来说，餐厅整体菜品结构是：冷菜占菜品总数的15%，面点占10%，蒸菜占35%，灶台现烹菜占30%，汤羹占10%。

从这个比例中，不难看出蒸菜的总体数量是非常多的，之所以这样做，主要是考虑到两个方面的原因：蒸菜制作比较简单，对于厨师的技术要求相对较低，而且一两个厨师就可以搞定所有的蒸菜制作；一个大的蒸箱，同时可以烹调很多菜品，符合快速上菜的要求。

再就是要严格控制现烹菜品的数量。如果现场烹调的菜品数量设计得太多，那么肯定会加大炒锅师傅的工作量。菜要一份一份炒，好的炒锅师傅现在又比较紧缺，所以这部分菜品设置不能太多。

三是现烹菜加热不超 5 分钟。

从顾客点一道热菜，到菜上桌，顾客最长等多久才不会感到厌烦呢？这个时间是5分钟。也就是说，做一道热菜，最多不能超过5分钟。为此，后厨需要提前准备好顾客常点的一些热菜的原料，并对存放位置、制作流程等做严格的规定。这样，只要顾客点了这道菜，后厨马上就能烹制。如果有些热菜可以提前制作，也可以少量准备，在上桌前再进行必要的加工，如一些骨头汤之类的。如果有些菜需要10分钟，或更长时间才能完成，那就要考虑放弃，或是明确告知顾客时间。

四是给食客推荐适当的套餐。

现在，餐厅一般都准备两种菜谱：一种是正常的菜谱；另一种是套餐菜谱。在点菜时，如果客人没有特定的需求，服务员可以请客人选择提前设定好的套餐菜肴，这样就可以缩短烹调时间。尤其是一些快餐厅，不同的套餐菜品一定要在饭点之前准备好，量不宜过大，也不宜太少，要适当把握。

五是进行必要的预制。

为了保证出菜速度，许多餐厅都选择对菜品的主料与辅料进行预制，然后再套着制作菜肴。举个例子，比如说牛腩菜，有番茄炖牛腩、萝卜煮牛腩等。这时，后厨就应该将所需的牛腩提前预制好。当客人点菜时，负责制作菜品的厨师再加入辅料一起烹调即可。辅料也可以采用这种方法加工，比如可以提前焖制好萝卜。点萝卜煮牛腩时，就将萝卜和牛腩放在一起加热片刻；如果制作萝卜煲，就把萝卜和筒子骨一起加热，这样就把复杂的菜品简单化了。

另外，在长期的经营中，还要多总结，餐饮管理者、行政总厨必须要认真分析哪些菜走得稳定，哪些走的量比较大，哪些菜客人很少点。只有对这些做到心中有数，才能有序调度，不盲目备料，以免造成措手不及或者原料浪费。

运营策划

大型餐饮企业内部厨艺大赛方案

A集团公司是一家年营业额超10亿元的连锁餐饮企业。公司业绩以25%的速度增长，主要得益于公司有一批年轻、优秀的人才队伍。为了展示公司的文化，宣传企业形象，公司每年都会定期在内部举办一次厨艺大赛，所有员工都可以报名参加，展示自己的烹饪手艺。比赛中，大家除了可以看到一道道精美的、匠心独具的菜肴，也可以看到公司的凝聚力与创新精神。

对一些中小型的餐饮企业来说，也可以举行一些类似的比赛，在策划相关活动时，可以参照A集团公司的方案。该公司方案如下：

1. 活动主题：××××

2. 活动主办：A集团总部人力资源中心

3. 活动对象：A集团总部员工，包括集团各职能中心人员，工种、年龄、性别不限

4. 活动时间：2018年1月5日13：30~17：30

5. 活动地点：总部一楼员工餐厅

6. 评审组成员：集团董事长、集团副董事长、集团执行副总裁以及各部门负责人；主持人：×××

7. 活动报名：由人力资源中心下发通知文件，2017年12月15日前提交报名表至人

力资源中心×××处

8. 活动内容：

厨艺展示（冷菜组）

水果蔬菜创意拼盘

包饺子比赛

厨艺展示（热菜组）

9. 活动流程：

公司领导发言（1：30~14：00）

（1）厨艺展示（冷菜组）（14：00~14：30）

评分环节+知识问答

（2）水果蔬菜创意拼盘（14：40~15：00）

主题概述：每组1分钟

评分环节+知识问答

（3）包饺子比赛（15：20~16：00）

评分环节+知识问答

（4）厨艺展示（热菜组）（16：20~17：20）

快炒：30分钟

炖煮：60分钟

评分环节

（5）颁奖环节

统计分数后选出各奖项

现场颁奖

（6）晚宴开始（18：00）

活动进行过程中，穿插知识问答环节（共10道问答，答题正确者当场颁发奖品）

10. 活动规则：

（1）由公司提供食材（根据报名表购买），选手可自备辅料。对食材有特殊要求者，请在报名表中备注。

（2）每人可参加多个比赛项目，其中果蔬拼盘和包饺子比赛为每个部门须同时参加的环节，名单确定后，不可更改和增删。

（3）厨艺展示环节，分为开场的冷菜组和压轴出场的热菜组，选手在规定时间内可以自由发挥。完成后为菜品创意取名，评委根据评分细则进行打分。

（4）水果蔬菜拼盘环节。公司提供材料（水果若干、蔬菜、牙签）在规定时间内（20分钟）利用现有的食料进行作品创作。要求有创意，作品完成后每组选手有1分钟的作品介绍（主题、构思、寓意）。

（5）包饺子环节，公司提供饺子皮和馅料，选手们在规定时间内（40分钟）完成擀面、包馅；规定时间内每组额定包30个饺子，超出部分每3个加1分，不足部分每3个扣一分。

（6）参赛准备的主料和辅料只可事先洗净、清理，不能事先切好带进比赛现场。

（7）选手可发挥创意进行个人形象装饰，可作为加分。

11．比赛奖励：

奖金+奖牌

（根据各环节的报名人数决定各类奖项和奖金，预算奖金额10000元，奖牌费用另算）

最佳风味奖（冷菜组）一名：奖金1000元

最佳风味奖（热菜组）一名：奖金1000元

厨王风采奖一名：奖金1000元

最佳团队奖：一等奖1000元；二等奖800元；三等奖：500元

厨艺大赛组委会

2017年11月30日

第五章

CHAPTER 5

菜品研发：可以没创新，千万别将就

一个餐厅把山珍海味做好并不难，而能把萝卜青菜做成爆品，才是真本领。所以，这就需要餐厅进行菜品创新。菜品创新就是要以低的成本，制作出利润空间大、味美质优，且能热销的精品菜。从这个意义上说，菜品研发是餐饮企业适应市场需求，保持旺盛竞争力的本钱，也是餐饮业永恒的主题。

撇开菜品谈创新，纯属瞎掰

菜品创新是提升餐饮企业竞争力的重要环节。有些老板一提创新就头大，以为设计一个新菜单也算创新。而有些老板为了创新而创新，硬性地“造”出一些无厘头菜品，既没有卖相，又没有口味，不伦不类。如此，还不如不创新。实际上，菜品创新，不但要抓住顾客的眼球，要抓住顾客的胃，还要给企业带来可观的利润。这样的创新，才是有价值的、有意义的。

“大蓉和”是一家全国知名的餐饮企业，主要经营以川菜为主的中餐。特点是以川菜为根基，创新出“形如淮扬，味在川，色及杭帮，精其粤，地道蜀风又似湘”的新派川菜。其“开门红”“蓉和酱猪手”“天下第一骨”等菜品，先后被评为成都名菜、四川名菜、中国名菜。

在大蓉和，有道名菜叫“韭菜豆腐”，看起来十分简单，但在专业评审嘴里，却得到了十足的肯定：口感柔嫩弹牙，韭菜取料精湛，豆腐汤味远胜燕窝，出于民间高于民间，十足千年美味！短短三十几个字的评语，将韭菜豆腐的美味说得淋漓尽致。为了做好这道菜，大蓉和的厨师专门到湖南请人指教，又遍访民间豆腐高手。从山里运泉水、从农村取井水，做出豆腐后又找来小机子榨油来煎。经过几个月的研制，才有了这道美味。

再如，大蓉和的“天下第一骨”，是将猪的棒子骨内的骨髓调味以后，插上吸管上桌的。成菜的视觉效果好，很大气，敲骨吸髓让顾客觉得很新奇，而且，这道菜成本低，但售价不低，在餐厅内走得相当好，是餐厅的招牌菜之一。

另外，大蓉和的“石锅三角峰”也是一道创新菜，曾被中央电视台某栏目以“一道创新菜，年卖四百万”为专题报道，引起了行业的强烈关注。

每一家成功的餐饮企业，都像大蓉和一样，有属于自己的菜品研发故事。虽然品牌有大有小，但对于菜品的研发、对于好口味的追求却是一样的。

构成餐饮新菜品开发的动力是多方面的。从顾客方面来说，顾客往往偏好于选择新菜品，有求新、求异、求变的心理。而对于烹饪工作者来说，他们也常常会运用自己的专业技能和想象力，发挥自身潜能，开发新的菜品以适应消费者的需求。

对一般的餐饮企业来说，该如何做好菜品创新呢？可以从以下几个角度考虑：

一是对原料进行全新利用。

不同的地理、气候条件，使得原料特色各异，这为菜品制作与创新奠定了物质基础。一种原料，其不同的部位，可以制成不同的菜品。一物多用的关键，就是要善于利用烹饪原料，进行创造性加工，从而出现以某一原料为主的全席宴。如：全鸭宴、全羊宴、豆腐席等。

近几年来，进入厨房的原材料非常丰富，如仙人掌、南瓜花、臭豆腐、鳝鱼骨、鱼鳞等。它们不但登上了大雅之堂，还成了人们喜爱的食材。因此，对于原料的利用重在发现、认识和开拓。许多原料在当地看来是比较普通的，但一到外地，就可能身价倍增。如南京的野蔬芦、淮安的蒲菜、天目湖的鱼头、云南的野生菌、胶东的海产等。将这些原料拿到异地烹制，其销量和效益将倍增。

二是注重调味品的新组配。

菜品风味的形成，离不开丰富的调味品。高明的厨师就是食物的调味师。他们不但掌握了各种调味品的相关知识，而且善于搭配使用，从而创造出美味可口的佳肴。所以，在菜品创新时，也可以从调味品入手，适当更换个别调料，从而产生一道不同口味的菜品。

随着国外调料不断引入，许多调料已不受地域的限制了。上乘的调料，巧妙的配制，可为调制新口味奠定好的基础。如今，一些菜系在这方面进行了大胆的尝试。如川菜运用各种不同的调料品，不断推陈出新，制作出新口味的菜肴；粤菜在调料上大量采用舶来品，采用了鱼子酱、沙拉酱、虾酱、鱼露、奶汁、梅膏等调味品。这是菜肴变新的一种方法，也是以味取胜、吸引宾客的一个较好的途径。

三是借鉴或改良烹饪工艺。

不同地方的菜系，在烹制工艺上有不同的特点，如今的厨师，已经不简单地满足在某一菜系的烹制上所取得的成绩，而是不断地吸收和借鉴其他菜系，甚至是西餐的一些做法，通过古为今用、洋为中用，不断创新出一些烹饪工艺。拿烹饪工艺相当完整的川菜来说，其发展也是在不断地借鉴或改良其他菜系的特长之处，许多川菜厨师已开始学习粤菜的调味、淮扬菜的刀工、晋菜的面食同制以及鲁菜的吊汤等。比如某酒楼推出的川菜“干锅带皮牛肉”就借鉴了滇菜“汽锅”的烹饪工艺，使该菜形整不烂，在保证原汁原味的基础上，大大提高了牛肉的品质，深受消费者的好评。

不管在哪个行业，创新永远都是发展的驱动力，没有创新，做不了长久的生意，只能赚一把快钱。餐饮企业也一样，要想永续经营，取得长足发展，必须注重菜品的创新。

不足以让人回味，算不上特色

如今，人们在饮食方面越来越讲究。不管是去哪家餐厅，顾客到店后经常问的一句话就是：“你们这里有什么特色菜？”虽然问题很简单，但是却成了不少餐厅的难题。

特色，不但意味着有卖点，也意味着与众不同，更意味着高利润。可以说，一家餐厅可以没有很牛的厨师，但一定要有自己的特色菜。否则，只经营家常菜，不但辛苦，而且利润很薄。况且，在挑剔的顾客面前，家常菜性价比未必高。餐厅的生意想火，菜品想热卖，菜品想让顾客回味无穷，除了要有特色，还是要有特色。

在北京鳞次栉比的餐厅中，具有老字号饭庄特色的餐厅并不多见，“同春园”算是一家。同春园餐厅由中华老字号、著名特级餐馆发展而来，前身是享誉京城的江苏风味名店同春园饭庄。同春园最精的鱼菜有松鼠鳜鱼、响油鳝糊。传统的文化菜有水晶肴肉、清炖蟹粉狮子头，面点小吃有核桃酪、羊羹、春卷等。江南文化菜，无菜不文化。“西塞山前白鹭飞，桃花流水鳜鱼肥”。这是唐人赞鳜鱼之美。同春园烹鳜鱼以“松鼠法”为独到。菜上桌佐以趣闻典故，美味更在名菜外。

同春园菜肴口味鲜嫩、清淡、微甜，成菜出品不失原汁原味，虽酥烂但不失其形。尤其鱼馔的做法最为丰富。有干烧青鱼、红烧中段、干烧头尾、砂锅头尾、糖醋瓦块鱼、烧划水、五香叉烧等名肴。

同春园历史悠久，菜品有特色，经常吸引名人光顾。梅兰芳的60大寿、肖长华的收徒宴请都在此庆贺；名人墨宝也为同春园增光生辉，梅兰芳的书法、王雪涛的国画《鸡》、齐梁羽的菊花、孙菊生的猫、娄师白的牡丹等都成为这家老字号的文化珍品。

可见，经营一家餐厅就是在经营特色，尤其是赋予文化、传统、艺术等方面的特色菜，往往会成为餐厅的招牌与镇店之宝。所以，不管什么类型的餐厅，都要经营自己的特色菜，以此打出自己的招牌。经营好特色菜，关键要经营好两个“点”：

一是菜品要呈现出“记忆点”。

如果顾客吃过某道菜后，回味无穷，对此菜印象深刻，那一定是这道菜有它的记忆点。一般来说，一道菜品记忆点包括以下几个方面（见图5-1）。

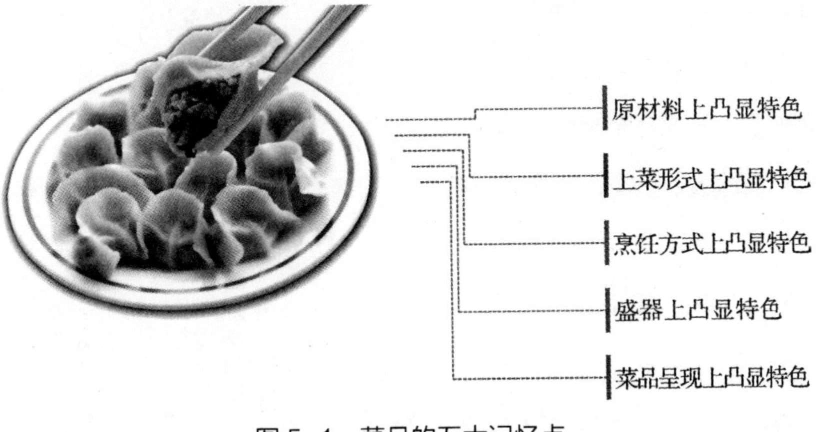

图 5-1　菜品的五大记忆点

（1）原材料上凸显特色。特色菜品的打造，第一步可以找自己原材料上的不同，比如陕西莲花餐饮的特色菜清蒸鸭嘴鱼，基本是每桌宴请贵客必点的一道菜。在宣传上，餐厅就强调了这种鱼只能在清澈的淡水中，只能在陕西安康地区的水里养殖。如果你是顾客，听到这样的话你是什么感觉？一定觉得稀缺、珍贵，即使贵一点也能接受。

（2）上菜形式上凸显特色。打造特色产品上菜形式也十分的重要，特色菜一定要和普通菜品要有区别，比如像北京的百姓食堂，他们的特色菜鱼头，就是用大花轿抬上来的。

（3）烹饪方式上凸显特色。这个很容易理解，就是别人水煮你红烧，别人油炸你清蒸，比如在北京郊区，有的农家院就是通过石头发热把野菜和鸡蛋做熟，并且售价很高，这样的烹饪方式很容易让顾客记住。

（4）盛器上凸显特色。在打造特色菜时，还可以通过独特的器皿来衬托。比如说云海肴的特色菜牛肝菌，云海肴专门做了一个牛形状的容器，让人过目不忘。好的盛器不只是有赏心悦目的作用，还能增强顾客的记忆点。

（5）菜品呈现上凸显特色。顾客为什么要点你的特色菜？是为了吃饱还是为了面子？弄清这一点非常重要，现今很多顾客请朋友吃饭都需要餐厅给足面子，所以在菜品的呈现上一定要给足顾客面子。

二是特色菜品有突出“要点”。

经营特色菜是有讲究的，不是自己说有特色，它就是特色菜。所以，对于特色菜品，一定要掌握好如下几个要点：

（1）小型餐企以一两款特色最合适。什么都是特色，什么都是招牌菜，就等于餐馆没有招牌菜了。因此，招牌菜不宜太多，小餐厅一两个，大餐厅最多十来个。招牌菜之所以要精，还在于如果要推的菜品太多，发力就不够集中，到头来招牌菜不像招牌菜，其他菜品也受牵连，从而导致“全军覆没”。

（2）主题突出，把特色菜品和主要食材联系起来。特色菜品一定要主题鲜明，风格突出是一个出位的手段。一个餐厅一定要有自己的经营中心，有自己的菜品体系，并且主题鲜明，取材简单，最好能让顾客想吃某道菜时第一时间想到的是你家餐厅的主要食材，比如在长沙吃跳跳蛙就会想起鸿铭中心的弟陀廖记。如果能做到餐厅特色菜品和食材相连，基本上就成功了一半。

（3）特色招牌菜不等于奇怪的食材。很多餐饮企业在打造特色产品的时候，容易走进一个误区，认为只有猎奇非大众化的原料才能吸引顾客。有些餐饮企业标榜自己用蟒蛇、鸵鸟肉等食材开发招牌菜，可是至今也没有一家能够存活长久的。这样的餐厅之所以失败，有两个原因：第一，异物异味的菜品很难被大众接受，顾客只是偶尔吃，可能尝试过后就再也不回头了；第二，有些奇特的菜品受时间、季节、地域等限制，采购起来也比较麻烦，成本相对来说也高，所以也就卖不出一个好价钱。

当然，打造特色菜不是靠厨师或者某个部门就可以单独就完成的，毕竟厨房只是餐厅的生产部门，对于市场的把握与消费引导，更多的是需要各部门的配合与方向引导。

菜品标准化，拒绝一厨一味

什么是菜品的标准化？简单地说，就是一家餐饮企业，或是该企业的每一家分店，做的某道菜品在分量、味道方面都一致，不受地域或是厨师的影响。而一旦研发某道菜品，就要有套标准化的标准，如该放多少肉、配多少菜、菜怎么切、什么时候下锅、使用什么调料……就像麦当劳的汉堡，在北京、成都等地都是一个味儿。

到巴奴就餐，很多人都会必点一道菜：毛肚火锅。不管到哪一家分店，都会品尝到一样的味道。为了使菜品尽可能标准化，巴奴甚至使用了中央厨房。比如巴奴的郑州店，它的每一道菜品并非在后厨做成，而是在几十公里之外的中央厨房统一制作、加工、分包，进而全程冷链配送到各个门店，解冻、装盘、上桌……整个过程做到了100%标准化。

食客最喜欢的毛肚火锅，是如何在中央厨房通过标准化方式做出来的呢？一盘看似简单的毛肚，巴奴则将其细分为12道工序，仅仅一个浸烫，就分好几道程序。浸烫所用的水温控制在75℃~80℃，一般浸烫5~8分钟，使毛肚边儿刚刚卷起。为了保证毛肚的质量，一次只能浸烫40斤。巴奴毛肚12道工序中，除了叠花装盘最后一道工序是在酒店后厨实现的，其余11道工序全部在中央厨房统一完成。

在巴奴的中央厨房里，没有专业的大厨，所有员工都来自一线。这种去大厨化的理念，保证了从中央厨房出来的食品都是标准化的，每盘菜品分量、口感都是一模一样的。

现在许多大型的餐饮企业都像巴奴一样，开始使用中央厨房，来有效控制质量、食品安全性，以提高生产效率，保持餐厅菜品的一致性及稳定性。这是餐饮业发展的一种趋势。对于一些中小型餐饮企业来说，缺少资金与技术，不宜使用中央厨房，要实现菜品标准化，必须做工艺与流程的控制，同时要做好对菜品的标准化评估（见表5-1）。

表5-1　菜品标准化评估表格

菜名：________			编号：________			
得分 项目	10分	8分	6分	4分	2分	0分
标准化程度						
销售数量						
人力成本						
食材成本						
出品时效						
保管难度						

一是原料加工过程要标准化。

加工过程包括原料的初加工和细加工。初加工是指对原料的初步整理和洗涤，而细加工是指对原料的切制成形。在这个过程中，应对加工的出成率、质量和数量加以严格控制。原料的出成率即原料的利用率，它是影响成本的关键，该项的控制应规定各种出成率指标，并把它作为厨师工作职责的一部分，尤其要把贵重原料的加工作为检查和控制的重点。

原料加工质量是直接关系菜肴色、香、味、形的关键，因此要严格控制原料的成形规格。凡不符合要求的原料不能进入下道工序。此外，加工的分工要细，一则利于分清责任；二则可有效保证加工质量。

二是配菜过程要标准化。

配菜过程的控制是控制食品成本的核心。在配菜过程中，要经常进行核实，检查配菜中是否执行了规格标准，是否使用了称量、计数和计量等控制工具。配菜控制的另一个关键措施是凭单配菜。配菜厨师只有接到餐厅客人的订单，或者规定的有关正式通知单才可配制，保证配制的每份菜肴都有凭据。另外，要严格避免配制中的失误，如重算、遗漏、错配等，尽量把失误率降到最低限度。因此，查核凭单，是控制配菜失误的一种有效方法。

三是烹调过程要标准化。

烹调过程是确定菜肴色泽、质地、口味、形态的关键，因此应从烹调厨师的操作规范、制作数量、出菜速度、成菜温度、剩余食品五个方面加强监控。在监控过程中，要督促炉灶厨师严格遵守操作规范，任何只图方便、违反规定的做法以及影响菜肴质量的做法一经发现，都应立即制止；应严格控制每次烹调的出产量，这是保证菜肴质量的基本条件。

四是装盘过程要标准化。

装盘是菜肴出品的最后一个环节，尽管菜肴大多是单个烹制，客人需要的分量、规格也不尽相同。然而，小、中、大不同规格的菜品，其盛器常常是一致的。不同色泽、消费标准的菜肴，装饰点缀也是可以按类别区分，并做出规范要求的。比如砂锅类菜肴，要求在炖后统一垫藤器出品；玻璃海参盘菜，统一加垫盘出品；绿叶蔬菜类菜品，均用胡萝卜刀切蝴蝶花点缀……通过对不同菜肴的装盘与装饰进行标准化，可以有效防止厨师因审美不一而使菜品的外形各异。

可见，菜品标准化必须要下狠功夫，否则，受厨师技术及经验影响，菜品的数量、形状、口味等就会缺乏稳定性，导致同一菜品差异很大。所以，要进行菜品标准化，统一菜品的规格，除了要避免厨师各行其是，还要做好上述四个过程的标准化。

江湖菜做得溜，“吃货”都是你的

江湖菜，是一种比较流行的讲法，起初多指重庆的一些地方风味菜。现在，江湖菜是指流行于民间的地方菜，各地叫法不一样，比如，江浙、上海等地叫家常菜，在武汉多叫迷宗菜，在广东人们更喜欢叫大众菜，在北方有人称大嫂菜。

由于江湖菜植根于民间，以某种菜系为基础，师出多家，不拘常法的烹制加工：复合调味、中菜西做、老菜新做、北料南烹，所以上至星级酒店，下到大排档食肆莫不以其为招牌。三天两头出来的新品种、有竞争力的起价、七滋八味的特色，着实让不少“吃货”饱了口福。所以，很多餐馆都有自己的江湖菜，以适应大众消费。

“斗椒”是一个全新时尚的餐饮品牌，其凭借“不改良的真麻辣”和“不一样的江湖菜式”立足餐饮市场。

相对市场上大多数同类型餐饮品牌，斗椒坚持“麻辣鲜香、重口味、食材新鲜、不墨守成规、匠心出品”，坚持遵循正宗江湖菜做法，同时又融合时尚元素，提升菜品风味。在传统的基础上追求品质最大化，将“优雅”与“麻辣”融为一体。

斗椒打破传统江湖菜餐厅凭单一菜品闯天下的格局，坚持差异化出品理念，成功打造深受食客们喜爱的“八大江湖菜”。在带给食客不一样的麻辣风味的同时，大大提升了用餐体验。比如，斗椒独创江湖菜“山胡椒遇见鱼”，肉感清凉滑嫩，深受食客的喜爱，很快成为当之无愧的鱼中爆款。再如，按巴蜀古法制作的“老坛酸菜鱼”，不但还原了老四川的做法，而且带给顾客更多健康。在这里，顾客还能吃到四川大排档才有的“火爆黄喉”，清香鲜麻的“鲜椒田鸡”等。另外，独创江湖菜“冰镇腰片”“锡纸烤脑花”等打破了地域限制，让更多的食客们品尝到了地道的四川市井之味。斗椒“八大江湖菜”已成为斗椒差异化的产品王牌。

短短的时间内，斗椒受到众多同行品牌的关注以及消费者的喜爱，在餐饮江湖树立了良好的口碑。

江湖菜受热捧是近10多年的事。为此，许多餐饮企业在江湖菜上做足了文章，有喜有悲，有经验也有教训。对于普通餐馆，或是主打时尚餐饮的企业来说，要把江湖菜做出特色，让它有卖点，就不能走寻常路，在做必要创新的同时，要紧紧抓住江湖菜三大的卖点（见图5–2）。

图 5–2　江湖菜三大卖点

一是土。

“土”也是卖点。“土”是指江湖菜具有极其浓厚的乡土气息。有的江湖菜始起于路边小店，出自渔夫村姑之手，有好吃之人偶然寻得，饱餐以后，相互“神侃”，或发个朋友圈。很快，大家都想一品为快。现在，人们在饮食上越来越追求原汁原味，“土”在很大程度上满足了人们的这个嗜好。比如，有家东北餐厅主打“东北杀猪菜”，让很多食客吃出了小时候的味道。

二是粗。

“粗”是指江湖菜具有粗犷豪放的气质。在烹调上不拘常法，大把撒辣椒，大瓢加花椒，糊辣壳里藏鸡丁，红油汤里游鲫鱼。在形式上不拘小节，烧土灶，用粗碗，大盘盛肉，大盆装汤。食客粗犷豪爽，大口喝酒，大嘴吞肉，呼五邀六，吃麻辣烫，尝爽嫩鲜，不为别的，只求刺激，只为饱口福。如此也能吃出一种江湖味。

三是杂。

“杂”是指江湖菜具有兼收并蓄的“杂交”手法，用怪异离奇的烹饪技巧：复合调味、北料南烹、南料北烹、中菜西做、西菜中做等。烹制出来的菜品让人感到似曾相识，又弄不清路数，有时让人匪夷所思，却又叫人拍案称绝。

当然，一道江湖菜要出名，除自身要独具特色外，还要靠口碑。

不怕门店小，就怕爆点少

“爆品”，是一个很流行的概念，是指某件商品卖得火，量走得大。不管是哪个行业，生意再难做，也都不缺爆品。在竞争激烈的餐饮市场，大多数店面也都在争着做爆品。这样的场面很常见：一个面馆从外面看起来毫不起眼，服务也很一般，每到饭点食客却需要排队等位。吃一碗面可能只需要10分钟，却需要花30分钟等待，大家为什么愿意花这个时间？就是因为别处吃不出这个味儿。什么味儿？爆品的味儿。老板就是靠这个味儿赚钱。

一家餐厅出一个爆品并不容易（见图5-3），一旦有爆品，它给餐厅带来的利润是相当可观的。首先，它能吸引顾客回流。很多人形容一种极致喜欢叫“就好那一口”。其次，爆品可推动餐厅营销。如今，成功的餐厅必须要有自己的特色，或是当家明星菜。有了爆品，就不愁没特色，爆品就是最亮的明星，是餐厅宣传的吸睛招牌菜。

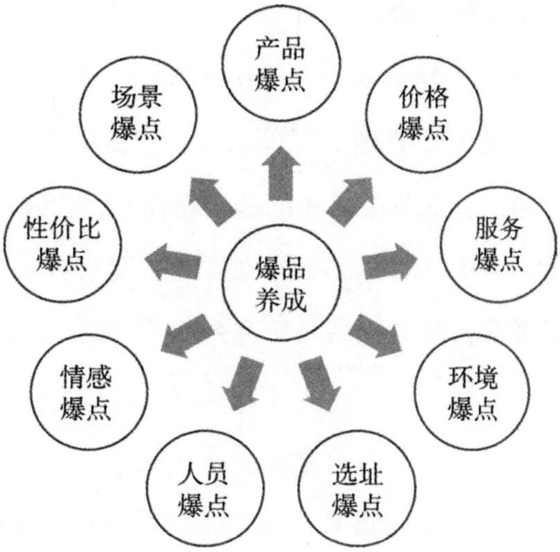

图 5-3 爆品养成的九大要点

所以，做餐饮要打造自己的品牌，一定要创造自己的爆品，它既是利润的保证，也是长足发展的需要。

“吉野家”是知名的餐饮连锁企业，也是很多白领喜欢经常光顾的地方。很多人走进吉野家，最喜欢点牛肉饭。正是这碗与众不同的饭，让一度面临破产的吉野家成功上市。

1980年，在松田的经营下，吉野家负债累累，不得不宣布破产。如果按一般人的想法，破产了，直接关门就好了。但是，有一名中层管理者安部修仁，没有说泄气的话，他不肯放弃，持续进行各种尝试。在日本有名的《更生法》的保护下，公司开始重建。不久，安部修仁被选为社长，公司上下开始寻找吉野家的失败原因。最后得出的结论是，“口味太单一了”“要增加菜单的品种”“店铺设计需要更新”。

然而，安部修仁却力排众议，不但没有增加菜品，反而大幅减少了菜品，全身心投入到如何打磨牛肉饭这个单一产品上。在原材料、加工过程、烹饪方法上加以大幅改进：牛肉的切割误差要控制在0.1毫米内；牛肉饭的量一般是饭260克，牛肉85克，如果员工不能凭眼睛做到这一点，就不能上岗；米饭不能结块，要翻松分为2次盛好；店铺的厨房只放做牛肉饭的器具，员工只做牛肉饭。

吉野家正是用这种事无巨细的精神，成功打造了一个爆品——牛肉饭，并成为日本甚至世界的牛肉饭大王。

同样一个麻辣烫、一个肉夹馍、一个水饺、一个奶茶，在不同的人手中有不同的演绎，有的人把它做成了养家糊口，有的人把它做成了圈钱游戏，有的人把它做成了终生的事业。这其中真正的差异就在于，你能不能把它做成爆品。

爆品是餐厅持续发展的基础，是餐厅的“守护神”，同时也是餐厅的“摇钱树”！那么，既然爆品真的这么不可或缺，餐厅又该如何创造爆品呢？

一是新：赋予新的意境。

一道菜要成为爆品，一定不能缺少应有的意境。一道菜，不是单一的创新品种，可以是老菜新做、新料新烹，还可以是一种新做法、新盛器、新口味，但一定要有文化、有典故、有服务，这是综合一体的，这就是意境。比如，服务员向顾客介绍某道菜时，讲一个有趣的典故，会给顾客耳目一新的感觉，吃起来就会多一种味道。这样，一道普通的菜就多了一种新意，想不火都难。

二是特：体现畅销特色。

“特”指菜品烹法独特、盛器独特、口味独特、服务独特等，通过强化包装，集诸多特色为一体，彰显其特色。强化包装是对菜品特色进行综合统一的一种手段。比如，一道普通的鱼圆汤菜，怎么做显得更有特点，从而达到烹法、盛器、口味、服务四位一体销售的目的呢？大家都知道，鱼圆汤盛器很一般，无非就是汤盆、玻璃盅，讲究一点的是每位一碗。但是，如果对鱼圆的盛器进行改革，使用一种燃烧酒精的铜火锅，锅壁镂空雕龙；鱼圆的配料增加木耳、瓜片、香菜、虾仁、蟹足棒、干贝等，使得成菜色泽特艳、口味特鲜；同时又在上桌后加上服务员给客人的特色服务，就可以让一道普通的菜品成为餐厅畅销菜。

三是和：巧搭配各要素。

“和”指菜品富有季节性或四季皆宜，色、香、味、形、器、养六要素俱佳。味是质的根本，养是味的根本，色是质的基础，将菜品做到色、味、养俱佳，再加上文化、服务，呈现出“大味必淡”的特色。同时菜品在加工过程中，主辅料的搭配、调料的多寡、火候的灵活运用，也是“和”的象征。

创造爆品，除了上述三个关键点，还要注意口味与价格，这两个因素做到位是爆品长久不衰的保证。口味不必多说，要根据各地方人们的饮食习惯进行创新，而价格一定要适中，不能因为热卖就定高价，毕竟，价格也是影响一件商品是否能流行起来的重要因素。除此之外，就是起个适宜的名字，名字不要太长，要便于记忆，同时要体现出菜品的特点，一般以五个字为限，且以易读、亲切、好记为原则。

运营策划

菜品创新设计研发方案

某知名餐饮企业在京城创店有16年历史，至今开了上百家分店，一年营业额30多亿元，并将业务拓展到了国外。这家企业何以能够成功？是什么支撑其持续成长？是不断推陈出新的菜品研发机制，让其得到了快速发展。在菜品研发过程中，该企业采用了如下几个高招：

首先，每个季节都会推出具有不同特点的美食节。

春季推出野山菌、野菜美食节；夏季推出海鲜美食节；秋季推出菜系美食节；冬季推出暖冬美食节（使用各种暖冬食材，采用烫煲的形式上菜）。四个美食节搭配主菜单、试销菜单的推出，丰富了客人的选择范围，既有持续旺销菜也有应季菜。

其次，拿出巨资作为试菜费用。公司每年拿出100万作为专门的试菜基金，用来研发创新菜，并且每年还会举办厨师创新菜大赛、基础技能厨师大赛。

再次，走出去，请进来。老板经常带厨师去旺店吃饭，学习其他店菜品的优点，将别人菜品的优点吸纳到自己的菜品体系中来。

新研发的菜品经过一段时间试卖，销量靠前的，才有资格进入菜单进行正式销售。

不同的餐饮企业，在菜品研发上会采用不同的方法，对大众餐馆来说，研发要遵循一定的流程，下面这个菜品研发方案值得一些餐饮企业借鉴：

1. 菜品创新研发小组人员组成

组长：×××

副组长：×××、×××

组员：×××、×××……

2. 菜品创新研发小组活动目的

（1）按各店经营菜品要求，持续性向目标市场顾客提供满意的产品。

（2）要求各店厨房保证每月推出创新热菜8款，凉菜6款，面点2款。

3. 菜品创新研发小组的职责

（1）创新菜品开发与研究。

（2）外部市场的考察学习。

（3）经营菜品改进、改良、创新。

（4）创新菜品推广经营、质量监督。

4. 菜品创新研发小组成员岗位职责

（1）对总经理负责。

（2）组织新菜开发活动，持续有效开展。

（3）每周厨务会汇报新菜开发研讨内容。

（4）执行菜品创新研发小组制定的制度。

（5）规范新菜开发活动程序。

（6）主持组织新菜开发培训指导。

（7）禁止私自研发菜品上桌。

5. 出品质量管理部职责

（1）负责新菜出品质量抽查。

（2）组织每周新菜开发研讨会：要求各店按顾客需求研发自己的经营菜品。

（3）监督菜品创新研发小组成员制度执行情况：按时研发本店经营菜品。

（4）负责菜品创新研发小组活动记录：统计各店每月创新菜品及各店每月菜品排行榜记录。

（5）监督新菜开发培训：上市经营信息反馈及菜品调整情况落实。

6. 菜品创新开发程序

（1）市场考察：一是原料市场；二是目标群体消费市场；三是竞争对手市场。公司组织考察。

（2）计划新菜开发项目：通过市场考察，结合本店实际计划新菜开发项目，下达开发任务。

（3）确定新菜开发品种：各店根据项目计划，确定新菜品种。

（4）设计新菜制作过程，由设计者、厨师长负责。

（5）上报公司厨务部、研发小组，审批新菜研发品种。

（6）试制：店内小范围试做、修改，确定标准标量，厨师长负责。

（7）创新菜品试销：确定新菜店内试销1周，厨师长负责。

（8）新菜信息反馈：由前厅组织信息反馈，并报研发小组改进，厨师长负责。

（9）新菜培训：组织点菜员、服务员培训菜品特点、口味特点、营养价值。

（10）新菜推广：由前厅负责对新菜宣传、推销，前厅经理负责统筹。创新菜品推广1个月达不到销售目标数量，可淘汰调换菜品。

厨务部

2018年1月1日

第六章

CHAPTER 6

用餐服务：既要“美胃”，也要贴心

餐饮服务质量、服务水准的高低，不仅关系着餐厅的效益、声誉，更关乎餐厅的生存与发展。在制度化、程序化、标准化向个性化、多样化转化的过程中，企业所追求的服务目标应该是“优质服务”，让消费者“高兴而来、满意而归”。

候餐服务要到位，让顾客等得起

排队在生活中是一种司空见惯的现象，坐电梯要排队，等车要排队，购票要排队……在快节奏的都市生活中，人们在做一件事情时往往会考虑时间成本，吃饭也不例外。试想，在晚上饭点时间，哪家餐厅门前不是车位难求？有的顾客为了吃一顿饭，甚至要开车跑十几公里。

为什么？就是因为“等不起”。

有一位著名餐饮专家通过观察记录得出一个结论，理论上餐厅最高效率的排队模式，应该将排队时长控制在2分钟左右。通过2分钟排队，顾客入店后，能够迅速打包带走食物。不过，这个理论只能活在研究数据里。实际情况是，在餐饮行业，能够完成这种效率的，恐怕只有知名的快餐店了。

对于大众餐厅来说，要让顾客吃得开心，成为回头客，除了上菜速度要快，必须做好候餐服务（见图6–1）。

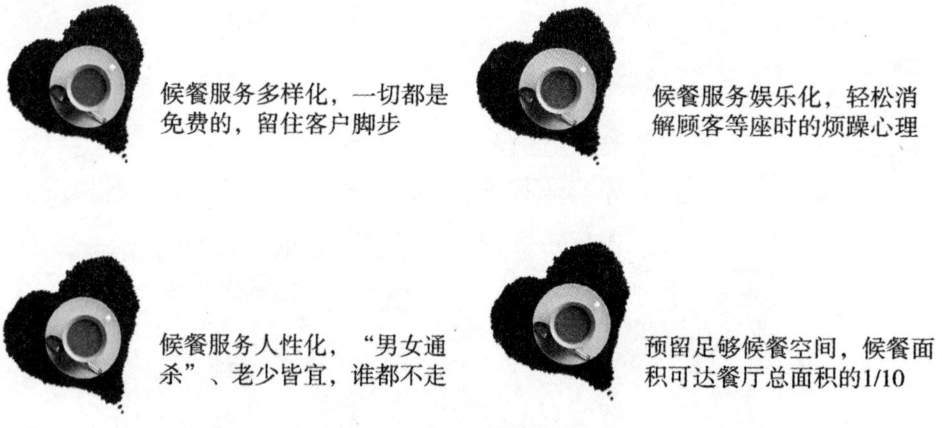

图6–1　候餐四大服务

有一家特色烤肉店叫“好再来”，面积不大，位置也不怎么样，但是生意异常火爆。一到饭点，就餐的顾客需要排队等候，经常是一拨出来，等候的一拨才能进去。但是与其他餐厅候餐不同，好再来会依先后顺序给候餐的顾客每人发一块号牌，且号牌上会记录下开始排队时间，这其中有什么玄机呢？

原来，餐厅会根据顾客候餐时间的长短打不同的消费折扣。如，候餐10分钟享受95折；候餐20分钟享受9折；候餐30分钟享受8折；超过1个小时享受7折。通过这种消费折扣，间接地为顾客的候餐成本做出相应的补偿。这种做法，大受消费者的欢迎。同时，餐厅为了尽可能少地支出这部分“补偿”，对员工的工作绩效也制定了详细的考评制度，如此一来，双方各得其所，一边是顾客不紧不慢、心甘情愿地等待，一边是店员有条不紊地忙碌。

不管是什么消费，人们都会喜欢有折扣。这家餐厅正是抓住顾客的这种消费心理，通过合理补偿顾客在候餐过程中付出的时间成本，从而既平衡了顾客“等不起”的烦躁心理，也适当对顾客做出了一部分让利。双方你情我愿，所以餐厅人气也就越来越旺。

总结一些知名的餐厅在这方面的经验，会发现，缓减顾客候餐的焦虑心情最有效的方法，就是适当让利于他们，或是提供超值的服务，这样不但可以提升餐厅的好口碑，也可以留住更多的顾客。对此，有以下做法可以借鉴：

一是送一份实惠的小礼物。

每到饭点，都是餐厅生意最好的时候，一般这个时候餐厅的接待能力会达到最大。所以，饭点时间餐厅即使没有多余的接待能力，老板还是不愿意轻易放走顾客。这时，有些餐厅就会让顾客排号，相对来说，越是靠后的顾客，离开的可能性越大。为了尽可能多接待一桌，店家有时会对排队的顾客提供一些小恩小惠，如赠送饮料、爆米花、水果等，虽然这些赠品价值较低，但还是能够给顾客带来小小的意外惊喜。

二是提供实用的免费服务。

与赠送免费的小礼物不同，有些餐厅会为顾客提供一些免费的服务，如免费的Wi-Fi、免费擦鞋、免费给女士美甲等服务。这些实用的服务可以为顾客带来一份贴心的享受。

三是提供免费的文艺表演。

有些有条件的餐厅，在用餐高峰期会为顾客提供一些文艺表演，如魔术表演、即兴脱口秀等。表演期间，演员可以与顾客进行有效的互动，这不但会增加餐厅的人气，也能给顾客带来一份好心情。

四是提供免费游乐服务。

在周末或节假日时，许多人都是拖家带口到餐厅就餐。所以，餐厅可以专门为小朋友准备一些游乐设施。在候餐时，家长可以陪孩子玩。再如，提供免费的健身、K歌等服务，并在LED大屏幕上实时显示排号的情况。当顾客看到自己的排号时，就会计算出需要等待的大概时间。如果很着急的话，也方便其去选择另外一家。

候餐服务，是餐饮服务的一部分。有人曾经做过一项研究，研究发现：只要餐饮店排队超过10分钟，就会出现客户流失现象。等待20分钟时，这个流失率会呈快速上升趋势。等待30分钟以上，流失的顾客会超过新加入的顾客。所以，当顾客不得不排队等候时，一定要做好候餐服务，从心理上缩短顾客的排队时间。

点菜要有新花样，不能只靠点菜师

俗话说："挣不挣钱，全靠炊事员；卖不卖钱，全靠点菜员。"有权威的调查数据显示，一家日接待量200人的餐厅，有点菜师服务和无点菜师服务，每天的营业额相差5%~10%。这也是许多餐厅注重为顾客提供点菜服务的原因所在。

尤其是一些中高档餐厅，菜品较丰富，来吃饭的顾客，往往不是宴请领导就是宴请客户或者宴请亲友，他们对该点什么菜、怎么搭配，往往不是很在行，往往会请教点菜师给个方案：怎么点既实惠，又能吃得好，还能有面子。

为了迎合顾客的这种需要，餐厅可以安排一些有经验的点菜师来做这项工作。

点菜师不仅要把厚厚的菜谱背得滚瓜烂熟，还要了解每道菜的特点、味型和做法，甚至还要说出所用材料的产地、营养价值，适合什么样的消费人群等。这样才能为顾客“量身定制”出最合适的菜单，让顾客享受到不一样的点菜服务。

一次，小张带女朋友到一家火锅家吃火锅，一口气点了10盘菜。两人说话间，火锅锅底上来了，小料上来了，紧接着菜也一盘跟着一盘端上来了……小张一看，着实吓了一跳。这家店给的菜量很大，别说10盘，6盘也有点多。心想：点这么多，真是有点浪费了。

小张女朋友也觉得菜点得有些多，就试探着问服务员：“你们的菜量给得好大，我们恐怕吃不了这么多。”服务员笑着说：“如果吃不了的话，是可以退的呀。”小张感到很意外，这是他第一次碰到这样的情况，但他还是说：“还是别退了，每样菜都尝尝。”但女朋友坚持要退掉几盘。这时服务员又说了：“我们这里可以点半份的，如果你们嫌多，可以每样点半份啊，这样每样菜就都可以品尝到了。”

小张从来没有见过这么人性化的火锅店，之后，他经常来这家火锅店消费，成了这家店的忠实顾客。此外，他还介绍自己的朋友来消费。

这家火锅店虽然没有专业的点菜师，但是“菜可以点半份”的服务，还是让人感到很温馨。尤其是一些快餐店，或是特色小餐馆，在点菜服务上一定要用一些心思。别具特色的点菜服务，会为顾客带来不一样的用餐体验，进而会增加顾客的忠实度，提升店面的好口碑。

总结一些特色餐厅的点菜服务，大体可以归纳为以下几种：

一是提供套餐服务。

在有些地方，顾客点菜时会发现，餐厅以提供套餐为主。这样的点菜方式有三大好处（见图6–2）：

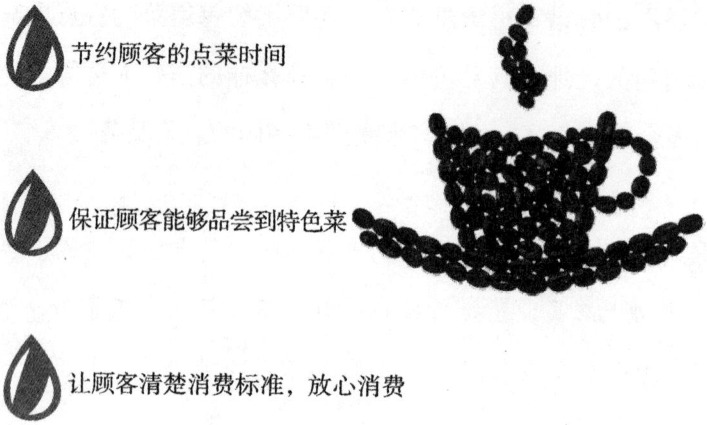

图 6-2　套餐点菜的三大好处

二是点菜赠送特色菜。

很多餐厅在推出一道特色菜的时候，常常会采用免费品尝的方式，来吸引顾客对这道菜的兴趣。通常这种赠送的菜品分量不会太大，顾客品尝后觉得不错，就会对服务员说再来一份。当然，加的这一份是要收钱的。通过这样的方式，餐厅可以测试出顾客对这道菜感兴趣的程度和对价格的接受程度。

三是提供电子菜单点菜。

虽然纸质菜单制作成本较低，但是制作过程比较耗费时间，如一道新菜要出现在纸质菜单中，会涉及拍照、印刷等工序，如此一来菜单的更新速度会比较慢。所以，电子菜单点菜现在比较流行，使用起来也方便、快捷。点菜时，顾客手持平板电脑查看电子菜单，可任意翻阅，有充裕的时间详细了解一些菜的价格、口感与品相。

不同的点菜方式，给顾客带来的消费感受是不一样的，餐厅在经营过程中，应根据所处的环境以及餐厅的特色，适当地改变一下点菜的方式，以满足顾客的求新求变消费心理。

做好附加推荐，让顾客明白地消费

附加推荐在餐饮业是一种很常见的服务方式，只要本着服务顾客、让顾客吃好喝好的原则，适当进行附加推荐并不会引起顾客的反感。那种让顾客反感的方式是，餐厅的推荐变推销，这样就会有变相宰客的嫌疑，会搞臭餐厅的名声。

所以，这里讲的附加推荐，是一项服务，而不是变相的销售，像一些老顾客就比较愿意接受服务员的推荐。比如，顾客到店后，经常会问：“你们这里有没有新的特色菜呀？”或是“上次那道菜不错，有没有类似的？”“有没有不麻不辣，甜咸适宜的菜呢？”这时，就要进行推荐，尽量满足顾客的用餐需求。

有位顾客到一家特色面馆就餐。

顾客：“再来两碗小刀切面，不要汤水，有什么调料可以放？”

服务员：“我店新推出的XO酱，味道很好。”

顾客：“XO？不是酒吗？怎么变成了酱？”

服务员：“这是新产品，您试试？”

顾客被搞糊涂了：“XO酱是什么玩意儿？”

服务员：“是用XO酒配制成的酱哦！”

顾客：“那你端上一碗来看看。”

酱端上来后，客人一看，有红油有辣子，就说不吃了，并训斥服务员：“根本没XO酒，我也不吃辣的，不要，不要。”

服务员：“我从来也没吃过，也不知道是什么味。”

顾客：“#@%……”

经理听到后，马上微笑着迎了上来：“这是XO酱。辣度是根据客人要求调配的。今天故意做得辣一点，给大家印象深一点。要知道，XO酱与XO酒毫无关系。它是用日本瑶柱、金华火腿、高汤和香辣酱放在一起制成，其香无比，拌入食品，可让您胃口大开。”

顾客：“哇，听起来不错，那弄份微辣的尝尝。”

同样是向顾客推荐XO酱，服务员没有成功，而经理一出面，就让顾客欣然接受，其中的关键在于说话技巧。

因此，在顾客点菜时向其推荐相关菜品与酒水时，一定要巧妙，注意方式方法。

一是要做足推荐前的准备工作。

在向顾客推荐某道菜之前，要对菜品、餐厅的情况，以及顾客的一些消费特点等有一个正确的认识；同时，备好相关菜品资料，并做好记录。准备工作图示如下（见图6–3）：

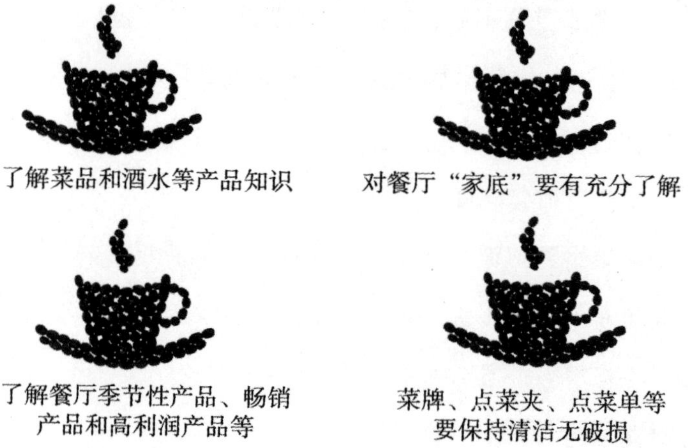

图 6–3　推荐前的四项准备工作

二是要掌握基本的推荐技巧。

在顾客点餐前，要了解的基本推荐技巧主要有三点：一听，二看，三问（见图6–4）。

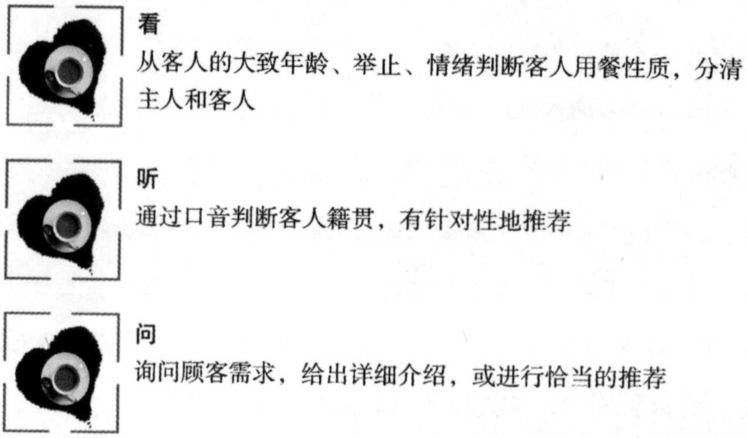

图 6–4　菜品三大基本推荐技巧

三是要分清推荐的场合。

顾客吃饭是很讲究场合的，在推荐菜品前，一定要清楚顾客为什么来这种场合吃饭。

（1）便饭。带家人来吃饭的顾客，往往追求经济实惠。这时，服务员要多推荐一些家常菜，或是介绍一些物美价廉的菜。当然，这些菜的制作时间也是必须要考虑的因素。

（2）调剂口味。如果顾客主要是来尝风味菜、名菜或是特色菜的，一般他们都会冲着某一道或是几道菜而来。在点菜时，服务员应多注意介绍一些本店的特色菜，数量不求多，但做工一定要精，味道一定要独特。

（3）宴请。提到宴请，当然要讲究场面，讲究档次，往往追求菜品丰盛，甚至有的追求精美、独特，而价格往往不在考虑的范围内。为了满足客人的这种要求，服务员应多推荐一些上档次、提面子的菜。

（4）聚餐。这种用餐方式也较常见，一般以同事、朋友聚餐居多。他们聚在一起，讲究的是共同分享。所以，多向他们推荐一些量大味美、经济实惠的菜。

四是要摸清顾客的消费心理。

不同的顾客，到餐厅来消费的心理是不同的。了解不同顾客的消费心理，有针对性地推荐，可以提高成功率。

（1）炫耀型顾客。对此类顾客，可以直接向他们推荐一些可以彰显其身份与地位的菜品，尽可能借以表现他的某种优势——或富有，或阔气。如此推荐才会让他在客人面前有面子。

（2）茫然型顾客。这类顾客最大的一个特点就是，手里拿着菜单心里没有主意，不知该吃什么好，贵了不行，便宜的也不行。这时，你要多考虑折中的方案，试着推荐一道价位适中，但口味独特的菜，或是在摸清了他们的就餐偏好后，再有针对性地推荐。

（3）习惯型顾客。这类顾客目的性很强，是冲着某些菜来的。在向他们推荐时，要多考虑他们的一些习惯，他爱吃辣的，那就不要一个劲儿地推荐甜的，他要吃咸的，就不要推荐淡的。

所以，向顾客推荐菜品，要杜绝只推荐利润大的，或是价格高的，而要根据顾客的消费偏好，推荐合适的菜。这样，既能提升服务的水平，又能赢得顾客的欢心。

上菜，不是简单地端盘子

上菜，不是简单地端盘子，把菜规规矩矩地放在餐桌上就可以了。受过专业培训的餐饮从业人员一定清楚，上菜时菜该怎么端、话该怎么说、顾客的疑问该怎么解答等。

有些服务人员很木讷，知道哪桌的顾客点了哪道菜后，便会径直将装菜的盘子端到相应的餐桌一放，什么话也不说，就转身离开。如果顾客对这道菜比较了解，也知道自己点了这道菜，不会产生什么疑问，如果顾客第一次品尝该菜，那他在拿筷子时可能会纳闷："这道菜是我点的吗？"

所以，服务员在上菜后，最好简单介绍一下这道菜，如菜名叫什么、它的特点是什么、其他顾客的评价如何等。

有位顾客到一家餐厅吃饭，点了一荤一素两道菜。餐厅上菜的速度还算快，只用了几分钟两道菜连同一碗米饭就上齐了。顾客吃过后，服务员才知道上错菜了。原来，上菜员错将别桌的"干烧牛肉片"当成"酥炸牛肉卷"端给了这位顾客，上菜时也没有提醒一下菜名，没想到这位顾客也是个粗人，不管三七二十一，裂开腮帮子就吃。最后结账时，服务员开了90元的票，他说自己只点了50元的单。与服务员一确认，才知菜上错了。

上述例子中，如果上菜员在上菜时及时提醒一下顾客："您好，这是您点的干烧牛肉片。"那顾客便可能会说："我点的是酥炸牛肉卷。"这样一来，上错菜的概率就会小很多。

有些餐厅上菜非常混乱，顾客多的时候，连经理、会计、出纳、保管员、维修工、保洁工，甚至来找经理聊天的朋友也会上阵帮忙，应付顾客的催菜和上菜。几乎天天如此，没有一点章法。也因此，经常会把张三的菜端给了李四，把李四的菜端给了王五，搞得餐厅经常接到投诉。

为了防止上错菜，一定要规范上菜服务流程，尽可能留给顾客一种好印象，传菜员、上菜员或服务员在上菜过程中要注意一些言行规范与服务礼节。

（1）传菜人员尽量不要直接上菜。服务人员不在时，可求助于邻桌服务员，而不是把菜放在备餐台或菜架上。

（2）上菜前，要找好上菜时的站立位置，尽量避开老人、孕妇和小孩。

（3）上菜前，先看台面是否有放菜的位置。如果没有，要先把菜放在备餐台上，尽快挪出上菜的位置后，再把菜品上桌。

（4）上菜时，必须用双手递上，把菜放到位时，退后一步再介绍菜品。

（5）上菜时，必须要报清楚菜品名称，但声音不宜过大，也不宜在顾客讲话时抢话。

（6）上菜时，要兼顾摆台效果，尽可能做到荤素相搭配、颜色相搭配、造型相搭配、器皿高低相搭配。

（7）菜品上齐后，要及时提醒顾客所点菜品已上齐，并询问顾客还需要什么帮助。

（8）上菜时，切忌让餐具与台面玻璃板发生碰撞，要轻拿轻放。

（9）一般上菜顺序为凉菜、热菜、汤、主食，如顾客有特殊需求，则按照顾客要求上菜。

（10）上菜时，要尽量避免把菜汤洒到顾客衣物上，忌越过顾客的头顶放置餐食。

总之，当一盘菜端上来后，上菜员不但要照顾到桌面的摆放与搭配，也要照顾到顾客的心理与需求。也就是说，只有把该说的话说到位，该做的事做到位，菜才算圆满地上桌了。

客人“赖”着不走，轰还是不轰

做餐饮经常会遇到这样的情况，就是客人在消费完之后，既不急着结账，也没有要离开的意思，而是悠闲地坐在餐厅里聊天、上网，还要享受免费茶水服务。在这种情况下，店员既不好意思上前催促客人结账，也不知该如何提醒客人“是时候离开了”。

尤其在就餐客人较多、一位难求的时候，用过餐的客人久久不愿离去，不但会给餐厅的接待工作带来不便，也会影响餐厅的生意。那么，遇到这样的“财神爷”是不是就没有办法了呢?

当然不是!

餐厅经营者一定要知道如何将客人舒舒服服地“请走”——客人如果没有特殊情况，一般在明白服务员的“请走”意图后，都会自觉离开。

一天晚上，两位客人在一家中餐厅用餐，吃过饭后，他们又坐了两个多小时，看上去仍然没有去意。餐厅主管心里很着急，到他们身边站了好几次，想催他们赶快结账，但又不好意思说出口。最后，她终于忍不住了，对客人说：“两位先生，能不能先把账结了，如果想继续聊，可以到酒吧或咖啡厅。”

“怎么？想赶我们走啊，我们可是来花钱吃饭的！”一位客人一副大爷做派，并且表示，对方的态度不像话，自己就是不离开，看她能怎么办。另一位客人看了看时间，觉得时间不早了，便劝同伴“该走了”，并让主管把账单拿来，仔细核对过后说：“账我们可以付，但是你们的服务态度确实太差了。我要投诉你们。”

主管说：“在服务过程中有什么过错的话，我愿意向您表示歉意，就别麻烦我们老板了。”

客人坚持说：“不行，就要找你们老板讲讲这事。”

老板赶到后，先是向两位客人表示：“两位先生愿意什么时候结账都可以，结完账欢迎你们继续在这里休息。”然后主动为客人倒上两杯茶水，并代主管向客人表示了歉意，客人终于不再说什么了，结了账后就离开了。

送客是服务客人的一个重要环节。当客人主动离开，餐厅服务人员一定要表示出对客人的尊重、关心、欢迎；当需要主动“请走”客人，那就更需要做到礼貌、耐心、细致、周到，并讲究技巧与策略，如此才能使客人满意而归。

要想做到礼貌送客，可以学习一下以下说辞：

一是“打扰了，茶壶先借那边用一下”。

端茶送客是中国人的一个传统。过去，当有客人来访，在送客前，主人通常会通过端茶这个动作，来暗示客人是时候离开了，一般识眼色的客人见状，就会知趣地找个借口告退。虽然现在人们很少再通过这种方式送客，但是在遇到久坐不走的客人时，餐厅也可以借用这一招。最明智的做法就是，当客人吃过餐后，一个劲儿地坐着喝水、聊天。这时，服务员可以走上前去说：“打扰了，茶壶先借那边用一下。”这种说法很委婉，也不会让客人面子上难堪。如果客人足够知趣，会顺势起身离开。所以，“借”茶壶给别桌的客人，是服务员可以常用的“请走”客人的方式之一。

二是“打扰一下，请问您还需要点什么”。

客人仍坐着不走，服务员可以拿着菜单上前询问：“打扰一下，请问您还需要点什么？”如果客人真的有需要，会顺势再点些酒水或菜品，如果没有需要，那很可能会回答：“谢谢，不需要了。”既然什么也不需要了，还稳稳地坐着不走，于情于理都很难说得过去。所以，这时客人就会意识到，服务员在提醒自己该结账或该离开了。

三是“不好意思，您介意搭台吗”。

如果餐厅的生意较冷清，客人多在店内停留一会儿，可以为餐厅拉些人气。但如果餐厅的生意较火，外面的客人排队都挤不到桌边，里面的客人吃过后却久久不离去，着急上火的一定是老板。这个时候，可以对吃过的客人说：“不好意思，您介意搭台吗？”或者干脆说：“今天人太多，借这个桌搭个台，可以吗？”这时，客人便会明白服务员的用意：一是想尽可能多地招待一些客人；二是暗示客人是时候让开座位了。

这几种说辞表述得都较为委婉，表面上看，没有明显的催促之意，让客人在面子上较容易接受，其实暗含了明确的“请走”客人意图。若客人能够意识到这一点，那他就会有些不好意思，然后主动离开。

运营策划

餐饮业“微笑服务月”竞赛活动方案

美国“旅馆大王”希尔顿于1919年开始创业，很快资产就从1500美元奇迹般地增值到几千万美元。当他欣喜又自豪地把这一成就告诉母亲，母亲却淡然地说：你必须把握比钱更重要的东西，你的旅馆才有前途。

究竟什么是更重要的东西呢？他冥思苦想，也不得其解。于是他逛商店、住旅店，以自己作为一个顾客的亲身感受，得出了准确的答案：微笑服务。从此，希尔顿实行了微笑服务这一独创的经营策略。每天，他对服务员的第一句话是“你对顾客微笑了没有？”无论旅馆本身遭受的困难如何，希尔顿旅馆服务员脸上的微笑永远是属于旅客的阳光。

对于餐饮业来说，只有以真诚的优质服务让客户感受到温暖，才能赢得客户的认同。所以，每家餐饮企业都应注重微笑服务，通过微笑来树立好的形象，争取更多的客户。

以下是一个一些优秀餐饮店经常借鉴的“微笑服务月”活动策划方案。

1. “微笑服务月”目的

迎接新老顾客，以最佳的精神面貌服务宾客。加深礼仪礼貌的重要性，提高员工综合素质，加强员工服务意识，营造一个良好服务气氛。

2. “微笑服务月”评比流程

（1）活动评选规则：微笑之星活动从2月1日开始，每月评选出2名“微笑之星”，每季度评选出1名“微笑服务明星金奖”员工。

（2）评比对象：餐厅部领班以及员工。

（3）评比形式（见图6-5）：

01/ 每天宾客意见反馈

02/ 每天部门经理、主管、领班巡查

03/ 员工民主选举、满意度调查

04/ 人事部负责对员工出勤情况进行抽查

图6-5 评比四大形式

3. 具体操作

（1）宾客意见收集（见图6-6）。

放置宾客意见箱，配备投票工具

服务人员收到宾客投票后，投到就近的投票箱内

人力资源部每周各投票箱手记投票并汇总

图6-6 收集宾客意见的三大方式

（2）酒店管理层意见收集。

①部门经理、主管领班当班记录。每天营业工作时，由部门管理人员将当天的服务质量情况汇总报部门经理处备案。

②每位管理层在平时工作当中若发现有好的或有待提升的服务现象，知会部门负责人。

（3）宣传与公布。

①光荣榜。餐厅部配合人力资源部在员工食堂制作一幅较大的光荣榜，将“微笑之星”展示出来。

②宣传。请人事部协助制作微笑服务宣传标语，粘贴于员工通道区域、保安签到处、员工食堂等，以提醒员工微笑服务。

③每月评选出的“微笑之星”将佩带绶带。

④每季度评选出“微笑服务明星金奖”员工。

（4）实施步骤。

第一阶段：培训微笑服务，1月1日至1月20日。

第二阶段：培训微笑服务月基本运作，1月20日至1月31日。

第三阶段：执行实施，每位酒店员工佩带微笑服务徽章，2月1日至7月31日。

第四阶段：颁奖结束。

4. 奖励措施

酒店设立微笑服务活动基金，每月对2名“微笑之星”，各奖励人民币500元。获得季度“微笑服务明星金奖”的员工，将获得总经理签发的奖状、荣誉证书，在活动结束时集中颁奖。此项活动将持续开展6个月。

第七章

CHAPTER 7

顾客管理：盈亏平衡？远远不够

只有系统科学地管理你的顾客，才能清楚地知道顾客的来源，以及他们的消费情况，从而采取更有针对性的服务，从而提升顾客的黏性，并提升企业的知名度与业绩。所以，发现并管理好你的顾客，是餐厅实现盈利的重要保证。

一张菜单就是一个盈利模式

菜单是消费者对餐厅的第一印象，是餐饮企业与消费者信息沟通的载体。设计精美、图文并茂的菜单能展示出餐饮企业的经营风格特色，体现其贴心的服务，还能在餐饮企业与消费者信息的沟通中，起着重要的桥梁和纽带作用。因此，菜单设计合适与否直接关系到菜品的受欢迎程度。

换句话说，一家餐厅的盈利模式及盈利情况也能从菜单中看出端倪。

吴老板开了一家快餐馆，为了把生意做大，他1年中有半年时间在外地考察。考察的方式，就是到全国各地的一些快餐馆用餐，在品尝美食的同时，也学习人家的经验。

有一天中午，他到某市的一家快餐店用餐。这家店规模不大，服务员工的态度也不怎么热情，但是生意却很好。他进去后，服务员将菜单、笔放到他的面前，就又去招呼其他客人了。吴老板自己边看菜单边写菜品。突然，他的眼前一亮，凉菜系列里有一个名字赫然映入眼帘：“雪山盖顶”。好特别的名字啊，到底是什么菜呢？本来想着问下服务员，可是见他们实在太忙，也就没再多问，直接将这道菜写在了点菜单上。

过了一会儿，菜端上来了，吴老板这才知道，原来这道“雪山盖顶”其实就是糖拌西红柿。他被店主的创意逗乐了。这是多么形象的一个名字啊，白砂糖放在西红柿上面，可不就像一座雪山嘛！被菜品独特的名称所吸引，之后，他到其他一些餐厅吃饭，都十分注意研究它们的菜单。

本身做餐饮的吴老板竟然被一道菜独特的名字而吸引，并且进行了消费。由此可见，一份制作合理的菜单也能“拉动消费”。如果说餐厅的装修彰显的是店铺的特色和经营理念，那么菜单就是连接店铺与顾客的纽带，将店铺的经营理念更直接地传达给顾客。

对餐饮企业来说，菜单也是门面。那么，如何通过菜单来宣传自己，并提升顾客的消费欲望呢？

一是减少选项，避免顾客的纠结。

菜单的设计会印证心理学上的“选择矛盾”理论——当我们有更多的选择时，反而会感到纠结。当菜单同类菜品选择项超过7个，客人会感到纠结，通常就会选择之前吃过的菜品。客人选择吃过的菜品没什么，但餐厅的新菜品就没有机会展示给客人，得到客人的评价与宣传了。

有些餐厅就忽视了这一点，比如有些快餐店菜单只有几样东西的时候，生意很好，但是上升到几十种，生意反而不怎么好了。因为菜多了很难做出特色，且会增加顾客的选择难度，他们选择的菜品好吃则罢，如果感觉不好吃，下次可能就不来了。这对餐厅而言得不偿失，毕竟争取回头客才是终极目标。

二是让菜品照片有效提高销售额。

在菜单里面添加照片，能提高30%的销售额。在美国爱荷华州立大学的一项研究中，研究人员先让孩子们看一张有关沙拉的图片，然后让他们在只有文字性描述的菜名间（其中有沙拉）选择午餐。实验表明，70%的孩子都倾向选择沙拉作为午餐。

事实上，照片越生动形象，颜色越真实逼真，越能刺激人的感官。当然，菜单上的图片也不能太多了，放了太多的照片反而会弄巧成拙，从而降低顾客对图片的感知。

三是别让菜单上的单价变得显眼。

用菜单鼓励消费者花钱的一个办法就是使价格尽量不那么明显（见图7-1），解决方法是什么呢？首先，菜单中有关价格的文字，字号不要设计得太大，字号最好接近菜品说明的文字；其次，菜单中要避免使用货币符号。

图7-1 使价格不显眼的两大方式

四是善用高价菜刺激消费。

视角很重要。当菜单的最上面摆着一个价格高得吓人的菜品时，相比之下其他的菜品价格就变得很合理了。与300元的龙虾相比，70元的牛排就很节省了，不是吗？另外，只要在顾客愿意支付的范围内，稍微贵一些的价格还能显示出食物的品质更高，这种定价结构可以让顾客离开时感到更满意。例如，给顾客一份18元的自助餐和一份30元的自助餐，假设食物是完全相同的，但通常顾客会认为30元的更美味。

五是利润最大的放在中心位置。

就像超市会把最赚钱的商品放在与你眼睛等高的地方一样，菜单设计一定要让最赚钱的菜品吸引顾客的视线，而右上角是菜单的黄金地带。

另一个方法就是将高利润的菜品单独放在框里，或者设计成四周空白来引起顾客的注意。

除此之外，菜品描述要尽可能详细一些。在菜单上，名字写得越具体、越长，顾客在心里就会想得越少，也会愿意付更多的钱。比如，把普通的“巧克力布丁”变成“丝袜巧克力布丁”。而且顾客会认为食物描述得越彻底，味道也越好。

总之，按照上面的这些方法，去设计餐厅的菜单，就能够最大化发挥菜单的优势，并提升营业额。

真贵假贵，全看怎么解释

客人对一些菜品的价格提出异议，是一件再正常不过的事，有时即使碍于面子不讲出来，心里也会犯嘀咕“有那么贵吗”“会不会被坑了”。遇到这种情况，服务人员一定要做好解释工作，贵，要告诉他贵的道理，便宜，要讲出便宜的原因。

几位客人进店后，其中一位客人让服务员给推荐几道该店的特色菜。服务员推荐了几道菜后，他只是问“口感怎么样”“会不会很辣”等，而对菜价只字不提。后来，这位客人一口气点了6道菜与1锅汤，另加5瓶啤酒。酒足饭饱之后，服务员递上账单，客人看后有些不解：“不会是算错了吧？这几道菜怎么可能这么多钱？”

服务员笑呵呵地说：“先生，不会算错的，如果您有异议，我可以当着你的面再算一遍。”虽然有在座的同伴看着自己，他也顾不了那么多了，要当着服务员的面把这账算清了。

服务员找来计算器，便开始点了起来：“京酱肉丝35元……”

“什么？这菜也要35元！你拿来菜单我看看。”

服务员又找来菜单，核对无误后，再接着往下算，算到最后一共是320元，一分不多，一分不少。这时，虽然客人对账单没有异议了，但是对菜价有些抱怨：“你们餐厅的菜也太贵了！”

服务员还是笑呵呵地说：“不贵，不贵，4个人才花这点钱，怎么能说贵呢？再说，大家吃好喝好才是最重要的，请客吃饭不就图个乐呵吗？”

“算了，算了，赶快找零。”客人从钱包里甩出几张百元钞票。

找零后，虽然服务员热情地把客人送到了餐厅门外，但是始终不见客人脸上有笑容。

显然，客人觉得自己被宰了。此时，他的心思并不在服务员的服务态度上，而是在餐厅的诚信问题上。追究问题的根源，还在于服务员没有恰当地解释清楚餐厅饭菜贵的原因，让客人心中很纠结。

在平时的经营中，如果客人提出类似下面这样的价格异议时，该如何合理解释呢？

一是“同样的餐厅，别家的菜要更便宜”。

与某家档次、类型相似的餐厅相比，如本餐厅确实有一道或几道菜看的价格高一些，可以从两个方面去说服客人（见图7-2）：

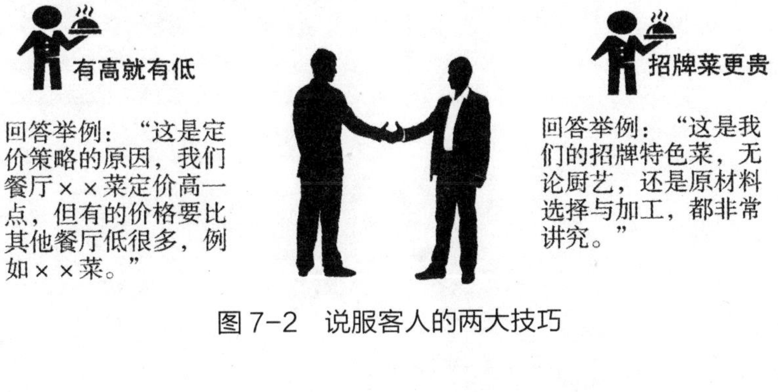

图7-2 说服客人的两大技巧

二是“这道菜比其他地方贵一倍”。

考虑到成本问题，一般餐厅的档次越高、地段越好，菜的售价相对越高。所以，当客人将餐厅的菜品与其他餐厅进行对比时，服务员一定要先了解清楚，他所说的“其他地方”主要是指哪些地方。如果是一些档次较低、运营成本较低的餐厅，服务员可以这样解释：“您说的没错，单从价格上看，我们的菜品是略微高了些，但是若考虑利润空间的话，我们的利润却是最小的，您看我们的店面、服务，以及菜品的做工，都是百里挑一的。”当然，在向客人做解释时，一定要照顾到对方的面子，不要把话说得太过，让客人觉得是在有意贬损他，或是有意讥讽他“消费不起”。

三是“菜做得一般，价格却这么高”。

有些时候，客人抱怨价格高，主要是想从中得到优惠或折扣。虽然他们表面上会说“这不是钱的问题”，但是如果服务员开始给他们解释优惠政策，他们一般也会认真地听下去。如，客人说：“说实话，这菜做得确实不怎么样，还这么贵？”服务员不要坚持说“不贵”，而要根据客人的意思来做出恰当的回应，如客人主动提出折扣要求，可以这样回答：“我向经理请示一下，看能不能给您打个折扣。”如果客人没有提优惠的事，服务员也可以在职权范围内主动提出给一些优惠。

为了避免客人对价格提出过多的异议，在做好解释的同时，餐厅经营管理者在菜品定价时也要讲究策略，如本店的特色品种可以定得高一点，市面上常见的菜肴定价低些。经常在外就餐的客人，甚至能轻易地说出几家餐厅常见菜肴的价格，他们看到熟悉的菜肴在某家餐厅价格低，就会认为这家餐厅的所有菜肴价格都低。反之，他们就会得出这家餐厅的菜肴价格偏高的结论。

帮客人省钱就是为餐厅赚钱

在餐饮界，有些不良商家经常会变相宰客，这是一种短视行为。现在是互联网时代，你的服务怎么样，价格是否公道，口碑好不好，人家上网一搜就全知道了。

聪明的商家为了赢得好评，在顾客面前会把自己的姿态降得很低，除了做好服务，还会帮顾客省钱，以吸引回头客，使其成为餐厅的宣传员。一家餐饮店一旦有了良好的口碑，就不怕没有生意做。

朱老板开餐厅已经有些年头了，近几年，餐厅利润一直在下滑。为了尽快扭转这种局面，他高薪招聘了一位职业经理人。这位经理虽然年轻，但做事很稳重，且责任心很强，没有一点经理的架子，尤其在接待客人方面，非常勤快。

但是很快，令朱老板不愉快的事情就发生了。一天，一位服务员找到他，说："中午，有客人来我们店请客，经理在帮客人点菜的时候故意将几个价格最高的菜给划掉了，那可是我们餐厅最赚钱的菜。"朱老板一听，当时就火了："客人要点高价菜，你当经理的却找借口退掉，你这不是砸我生意吗？"

他本想找这位经理来谈谈，又觉得事情过去就算了，再看看她接下来的表现。没过多久，又有服务员来告经理的状，说她昨晚又帮着客人划掉了两个高价菜，还说"点多了浪费"。朱老板听了有些生气，真想马上找她过来问个清楚。

冷静后，他仔细想了想，觉得这位经理对餐厅的贡献不小，自从她来了之后，餐厅的客人一天比一天多，营业额也一天天在增长。一次会议上，这位经理当着大家的面说："要想把生意做好，就必须多替客人着想，以点菜为例，在点菜的时候，就应该把客人当成自己人，替客人着想。"

听到这里，朱老板终于明白餐厅最近发生转机的原因了，他庆幸自己当时没有太冲动。

正如这位经理所说的，只有站在客人的角度多替他们着想，帮客人算好每笔经济账，才会得到客人的理解与感恩。这样的餐厅又有谁不愿意再来呢？

在客人点菜的时候，不要总是想着如何从客人身上一次赚取更多，而要先想着如何留住顾客的心，让他们成为常客。只有客人得到实惠了，吃得开心了，才不用发愁日后没有生意可做了。

可见，“为顾客省钱”，看似不合常理，其实也是一门生意经。那么，如何念好这门生意经呢？见图7-3。

图7-3 “为顾客省钱”的三种方式

一是做好顾客的参谋。

有两位顾客到一家餐厅就餐，他们一连点了5道菜。服务员见状，便礼貌地说：“我们店的菜量较大，我建议少点2道，如不够的话，到时再点也很方便的。”服务员的一席话，让顾客心里暖烘烘的。有时，服务员要根据自己的常识，在点菜过程中多为客人把把关，诸如点的量是否合适、搭配是否合理、营养是否均衡等。

二是把顾客当自家人。

点菜的时候，要多为顾客着想，像对待自家人一样，尽可能让客人吃好、吃饱，且不浪费。只有将客人当自家人，客人才会把你当自己人，才会经常光顾你的店。

三是把新客当回头客。

每家餐厅都非常注重回头客，但并不是说对第一次来光顾的客人，或是对餐厅还不熟悉的客人就可以多让他们点一些贵菜、滞销菜。只要是客，就要以对待回头客的态度去服务，你对他好，他一眼就能看出来。

总之，一家餐厅的生意想要长久保持兴旺，必须要有顾客的忠诚度做保障，那顾客的忠诚度何来？忠诚度源于餐厅人性化的服务——越会帮助顾客省钱的餐厅，越能得到顾客的信赖，也越能为餐厅带来更多的利润。

单子出错，账别算在顾客头上

在顾客的潜意识里，只要餐厅算错账，多半会认为这是餐厅有意为之，尤其当账单上的金额比实际消费的金额多时。

如果餐厅在顾客买单时，习惯性地算错账，少则三块五块，多则几十上百，那么就不能不让顾客怀疑餐厅的诚信问题。

顾客用过餐后，招呼服务员："服务员，买单！"

服务员走过去把账单递给顾客。

顾客看了账单之后，大声地说："不对吧，我们喝了2瓶酒，怎么上面有3瓶呀，你们酒店怎么会多算1瓶呢？"

服务员接过来看了看，又核对了一下桌子上的酒瓶，确实是搞错了，连忙道歉："哎呀，对不起，对不起，是收银员给您多算了1瓶。"

顾客："让你们的收银员来向我解释一下。"

服务员："对不起，我去给您重新打一张吧。"

顾客："收银员是干什么吃的，怎么不给少算1瓶啊？你们拿客人当傻子啊。"

服务员把领班叫来。领班见到顾客人表示了一下歉意："对不起，这是我的名片，我们的收银员给您多算了1瓶酒，这是我们的错，我代表收银员向您道歉，收银员负责现金收账，他们不到下班时间不可以出吧台，出吧台得交接，所以我代表他向您道歉。"

顾客："假如我们不看账单，你们就给我们多加1瓶酒的钱。道歉能解决什么问题？"

领班："要不我给您打个折吧。"

顾客："那是你们的事情，你看着办吧。"

领班："那我就给您少算1瓶酒的钱。"

另一位顾客在一旁催促道："干脆打个7折算了，我们没时间听你解释。"

见顾客来者不善，领班只得同意为他们这顿饭打7折。重新算了账，找了顾客零钱后，顾客似乎还有些不满：“你们的服务太差了，只想着多收……”

由于收银员马虎大意，打印账单时将2瓶酒写成了3瓶酒，服务员也没有认真核对账单，所以导致顾客不满。

为了避免账单出错，要建立严格的工作规范，从源头上杜绝这类问题，有这么几个方法可以借鉴（见图7–4）：

图 7–4　避免账单出错的三大方式

一是要提供一式两份的账单。

顾客结账后，餐厅应该出具一式两份的账单，把原始账单留给顾客，而另外一份复印账单作为餐厅留存。账单上必须注明餐馆名称、消费价格、税后收费、提供的每项服务，如果预先说明收服务费则必须注明具体收费，以及该由顾客支付的总费用。

二是价目表要详细透明。

菜单上所出现的价目表必须是透明详尽的，只有被列入菜单的产品和服务是可以收费的。有些服务或餐具收费要事先说明，否则就要免费提供。

三是要进行口头核对并记录。

为防止顾客事后产生异议，在向顾客提供服务与餐具之前，一定要先进行口头确认，在得到顾客明确的答复后，再记录在案。

如果服务员或收银员算错账单，那该如何向顾客解释呢？

一是主动认错，表示歉意。

发现账单真的出了错，服务员最不应该做的就是推脱责任，或寻找借口。这个时候，顾客听不进任何理由。如果服务员找借口搪塞，只会把顾客推向自己的对立面，有可能激怒顾客。

二是合理补偿，寻求平衡。

对于大多数顾客来说，如果服务员能够坦诚地把问题解释清楚，他们多半会表示理解，但是也有非常较真的顾客，他们认为，既然出了问题，服务员再怎么道歉和解释，也只是敷衍和推脱责任，如果餐厅不采取一些合理的补偿，就没有解决问题的诚意。

所以，当账单出了错，为了平复顾客的情绪，服务员要把握他们的心理，尽可能把一些工作做在前面，以减少顾客的不满与投诉。

防跑单，客人异常行为要警惕

客人跑单，是让许多餐厅最头疼的一件事情。为了防止客人跑单，餐厅会想到各种各样的方法，如有的餐厅要求客人点完菜就交钱；有的餐厅规定，客人先交押金再点菜，最后结账时再返还押金……但更多的餐厅还是采用先吃饭再付账的方式，这就给了一些客人跑单的机会。

A餐厅人气很旺，C包间3位客人正吃得热火朝天，服务员又送来了2瓶凉啤。正要帮客人开瓶时，1位客人说："你先去忙吧，这里一切由我们自己来。"服务员转向告退，不一会儿，有2位顾客起身离开，径直走向卫生间，外面的服务员知道这个房间还有1位食客，所以也就没有留意。几分钟后，服务员推门进去，问剩下的那位客人："还需要点什么吗？"客人说："不需要了，一共多少钱，我这就买单。"服务员顺势把账算了一下，然后开了一张票给客人。

随后，客人拿着票说："麻烦你帮我看下包，我这就去结账。"服务员见客人座位旁边的椅子上放着一个崭新的皮包。所以，就随口答应下来。

客人出去快10分钟了，还不见回来，服务员赶紧跑到前台询问收银员，收银员说："没见有C包间的客人来结账啊。"服务员这才知道客人跑单了，等她回到C包间，拿起那个皮包一看，才发现那是一个皮革制的包，也就值十几块。

这位服务员虽有一定的警惕性，但还是被客人故意放的皮包迷惑了——她相信客人会回来取走自己的皮包，没想到等来的却是一场骗局。

顾客在就餐过程中，如果表现出一些异常的行为特征，那必须要提高警惕。在这里，餐厅管理者有必要了解常见的客人跑单方式，以及有效的应对方法。

一是对分批"撤离"的顾客，要主动询问。

吃饭时，来了一大桌人，但越吃人越少，这样的顾客也有可能是先撤一部分，让最后剩下的一两个人等机会"金蝉脱壳"。这就是常见的分批"撤离"跑单方式。对此，餐厅可以在内部做一个规定：某桌顾客来时人多后面人少时，要有专门的服务员带领后走的顾客离开直至其买完单，如果后走的顾客自行离开的话，一定要上前询问买单情况，如有必要，需让顾客出示收据。

二对借口暂时离位的顾客，要贴身"护送"。

一个人就餐的客人，比较容易趁餐厅工作繁忙时，借口"上厕所""餐厅里手机信号不好""到门口接待客人"等不结账溜掉。遇到这种情况，要派服务员"护送"、跟随。如果顾客提出到餐厅外打电话，则请顾客先结账再出去。

三是对那种伺机脱身的顾客，要派专人"服务"。

对特意选择坐在门口的顾客要多留个心眼儿。对这样的顾客，负责服务和负责迎宾的人员都要注意他们的言行与动作，发现可疑情况立刻报告，并派专人进行"服务"，直到客人结账。一旦顾客开始跑单，就要及时追上去，问明情况，这时，要注意说话方式，给对方以回旋的余地，不要把话说得太死、太难听。

四是对久不结账的顾客，要重点“关照”。

有些顾客吃过饭后，迟迟不肯结账，甚至服务员多次催促，也显得不急不躁，或者会找一些借口搪塞，如“我们再聊一会儿”“等等，看我们还需要点什么”“等结账的时候通知你”等。对这样有意拖延结账的顾客要重点“关照”：一方面多询问他们的需求，关心他们的用餐体验；另一方面，要委婉地提醒对方可以先把账结了。

五是对不问价钱的顾客，要善意地提醒。

对那些不问价钱、哪个贵点哪个的顾客，要给他们一些提醒。一般来说，即使是宴请重要的客人，也不可能全部点很贵的菜，只要有一两样高档的、拿得出手的菜也就可以了，而且汤水与其他家常菜、冷盘也会占一定的比例。再者，宴请通常都有一定的限额，不会胡吃海喝。所以，对于出手异常阔绰的顾客，要及时提醒他的消费额度，如“先生，这些菜已经够你们享用了”，看他是什么反应。对于特别可疑的顾客，要向主管报告。如果顾客借口谈私事让服务人员回避，那更要做好防范。

运营策划

顾客对卫生存疑，如何让其放心消费

S先生经常到附近的一家餐厅就餐。在服务员眼中，他是一位很奇怪的人，每次来餐厅吃饭，都要将水杯用开水冲洗3遍，当然，碗、盘也不例外；用筷子夹菜，永远只夹盘子顶部的部分，从不触及盘子边缘的。

一次，S先生对一位服务员说：“我有个问题想问你。”服务员上前一步，没想到他马上变得很不高兴：“你不用走得这么近，我担心你的唾沫会溅到菜里面。”一时间，让服务员很难为情。

这类顾客有时会遇到，这家餐厅该怎么应对呢？恰当的做法是，服务员可以带他到后厨实地看一下卫生情况，如菜是怎么炒的、碗是怎么洗的、每道工序是什么样子的。但并不是每一位顾客都该这么对待。有没有一种方案，可以一次性解决所有前来就餐的顾客对餐厅卫生的戒心呢？有！可以从下面几个方面来策划、完善服务细节，把礼貌、端庄、卫生的形象留给顾客。

一是餐前服务要把好卫生关。

餐前服务的卫生把关可从以下五个方面入手（见图7–5）：

图 7–5　五个方面把好餐前服务关

二是餐中服务要注意细节。

（1）上菜后，退后一步再报菜名。

（2）带白手套进行换盘、摆盘、倒茶等。

（3）上完一盘菜，要提供一双公用的筷子与一个公用的勺子。

（4）餐中客人的餐具不能换得太勤。

（5）上餐具和上菜时注意卫生把关。

（6）在接近餐桌时尽量少说话。

三是餐后服务的操作要适当。

（1）顾客每吃完一道菜，要及时将菜盘端走，并保证桌面的干净、整洁。

（2）按程序上餐后的水果，一定要保证果盘与水果的干净和卫生，有必要的话，可以告知顾客已洗过了。

（3）有些菜只动了一两筷子，扔了有些可惜，服务员可以询问顾客是否要打包，如果需要，也要注意卫生。

第八章

CHAPTER 8

宣传推广：“套路”不行，做什么都白搭

自古深情留不住，总是“套路”得人心。餐饮市场的竞争频频“撞脸”，菜品相似，装修相近，服务相仿，甚至连营销创意也雷同。面对同质化的市场竞争，必须要有自己的推广套路，以吸引用户的注意，增加关注度。

3 公里推广决定餐厅的人气

餐饮人常言道，做餐饮有四难：选址难、定位难、选产品难、推广难。其中最难的就是推广。对于大多数餐饮店来说，顾客主要来自周边3公里范围内的社区与商圈。如果这个区域的顾客很少，生意肯定好不了，如果餐饮店在这个区域很有人气，那生意就差不了。

所以说，餐饮企业要用好3公里推广策略（见图8–1），做不好这3公里推广，其他的推广手段也很难达到预期的效果。当人们愿意在路上花十几分钟来你的餐厅吃饭，那么恭喜你，你的3公里推广可以结束了。

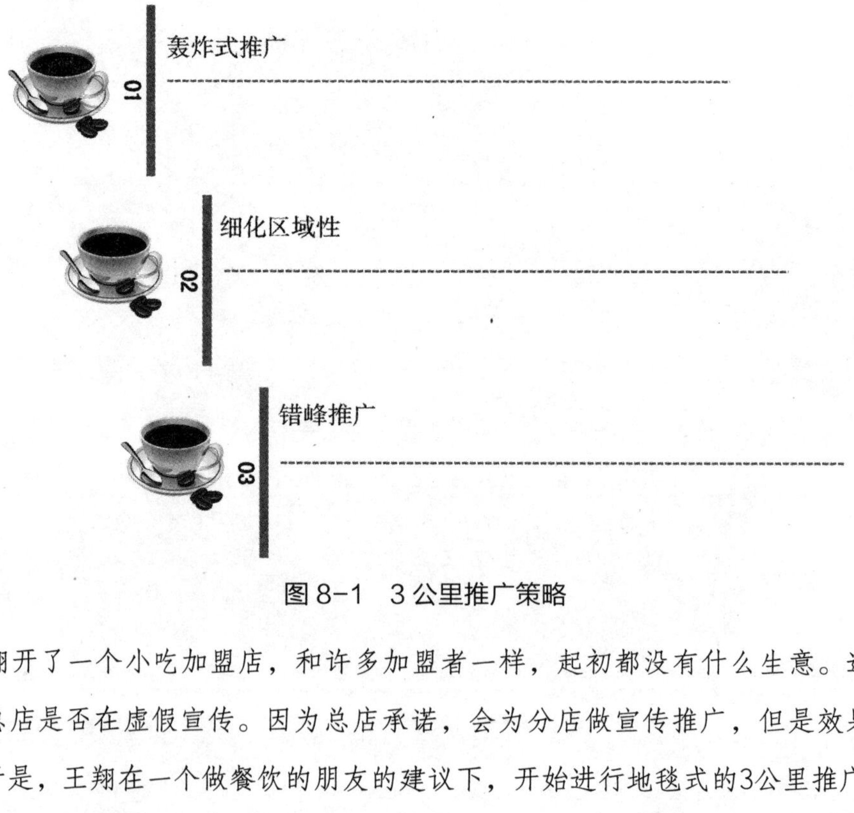

图 8–1　3 公里推广策略

王翔开了一个小吃加盟店，和许多加盟者一样，起初都没有什么生意。这让他一度怀疑总店是否在虚假宣传。因为总店承诺，会为分店做宣传推广，但是效果不是很理想。于是，王翔在一个做餐饮的朋友的建议下，开始进行地毯式的3公里推广。

他在半径为3公里的范围内不断推广小吃店，开发、引导顾客，并巩固现有的顾客，使他们成为忠诚客户，具体方法是：

首先，轰炸式推广。搜集3公里内大大小小的写字楼，进行轰炸式的推广，如上门发宣传单、在社区宣传等，不放过任何一个地方。

其次，细化区域性。在人比较多的商业区域，周末人头攒动，王翔和店员在周末会加大推广力度。而在工作区域，周围上班族居多，在工作日会发起推广活动。

最后，进行错峰推广。因为周边的餐厅较多，王翔会选择在下班的时候做推广，这时候顾客才有可能阅读他的传单，或者其他类型的宣传资料。

另外，他还在小区做一些小活动，比如扫二维码关注微信公众账号后，可以获得优惠券，同时他还对顾客进行点对点的精准推广。

经过3个月的推广，他的小吃店人气逐渐上来了，大家口口相传，有些稍远的顾客也会慕名而来。在巩固顾客群的基础上，他不断拓展小吃店的辐射范围和影响力，进一步提升小吃店的知名度。

毫不夸张地说，3公里推广决定一家餐厅的生死。不管是在县城、市区，还是像北、上、广、深这样的一线城市，随便在地图上以3公里为半径画一个圆，基本能囊括各种特色的餐饮企业。也就是说，半径为3公里的范围，是一个竞争圈。在这个圈里，如果生意做不起来，那圈外的生意就更难做了。

所以，不管是新店还是老店，要保持竞争优势，宣传推广都是第一位的。做好3公里推广，关键要做好以下三个“针对”：

一是针对顾客消费的层次。

在一个城市，每个区域人们的消费水平是有差别的。一般来说，方圆3公里内，人们的消费层次不会有太大的波动。所以，你选定了在某区域开餐厅，也就是选定了某个层次的顾客群。即，你要清楚你的餐厅主要的顾客群是哪些人，比如如果你开个小面馆，一般不会和星级餐厅抢生意，毕竟大家的顾客群是不一样的。所以，在做推广时，要针对相关的人群，不能四处撒网。

二是针对顾客消费的频次。

在某个区域开餐厅开久了，有经验的店老板会总结出一个经验，即附近的顾客来店里消费的频次是有规律的。如，有的人可能是首次光临，有的人是1周消费1次的常客，有的人可能1个月消费4次以上，也有人消费1次后连续3个月未消费。为什么有的人常来，有的人来一次就不来了？原因有三（见图8-2）。所以，针对不同消费频次的顾客，要进行差异化推广：如对在乎折扣的常客，可以多给些优惠券，多些返点；对在乎距离的稀客，可以提供其预订服务；对在乎口味的稀客，可以提供其菜品个性化加工服务。

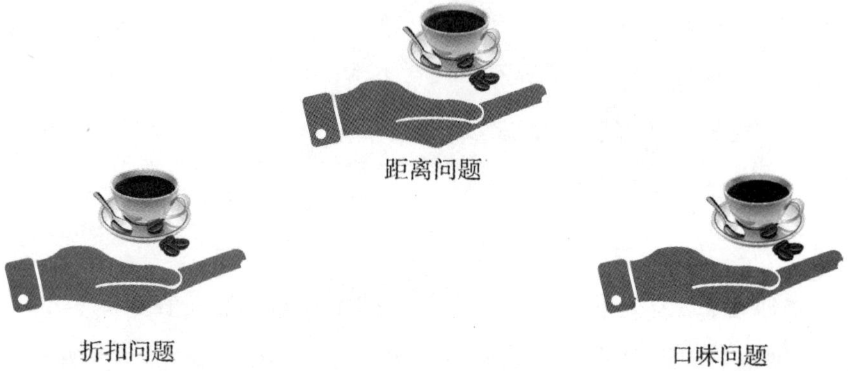

图 8-2　没有回头客的三大原因

三是针对顾客的来源渠道。

顾客为什么来你的店消费？可能是路过看到，就进来了，也可能是朋友介绍来的，或是喜欢餐厅的某个口味的菜，或是喜欢餐厅的环境……针对新客和随机消费的客人，在推广时，可以加大优惠力度，增加二次消费的概率。对于老顾客，可以减小优惠力度，减少营销误伤，加大个性化推广。

总之，做餐饮也需要做推广，而且是精准的推广，这就需要餐饮店针对某个域内的顾客群，由浅及深地进行辐射性推广。先做好某个圈内的生意，然后巩固这个圈的生意，再逐步向圈外延伸，最终打造出自己的餐饮名片。

试吃点评，树立餐饮店口碑

现在的餐饮企业越来越注重顾客的用餐体验，为了更形象、客观地宣传自己，赢得顾客的信赖，许多餐饮企业会不定期推出试吃活动。这种活动的火热，也催生了一个全新的时尚职业：试吃员。试吃人员会在相关网站写出自己真实的试吃体验。所谓"吃人嘴软"，一般来说，这些试吃员都会给店家打一个不错的分数。有些餐饮、外卖网站人气较火，跟试吃员的评论与感受有关系。因为试吃员在网上都有一批跟风的粉丝，他们通过微博、微信将试吃的情况发出来之后，就会吸引来一些顾客，从而逐渐形成口碑效应。

在营销学上，试吃促销也叫认知式营销。简单地说，就是在现场提供免费样品给消费者食用的促销活动。试吃促销是商家为推广新产品或老产品更新后的新口味产品时所采用的有效销售手段之一。特别是在新品上市推广时期，顾客到店试吃后，如果觉得好，可能会介绍自己的亲朋好友来消费。在菜品越来越丰富的今天，要想抓住顾客的胃并不容易，但免费试吃便于顾客在眼花缭乱的美食世界中找出符合自己口味的菜品。

有家时尚快餐厅，以线上外卖为主，平时多在附近的商场、超市等人流量大的地方做推广。有次，该店推出一系列新菜，店家在附近的商超开展免费试吃活动。具体的做法是：在超市门口的显要位置，设置一个很精致的促销台，颜色也很醒目，老远就能引起人们的注意。促销小姐把刚出锅的菜品分成小分，放在一些盘子里。为方便顾客食用，还提供一次性筷子。

超市门口人来人往，该公司的促销小姐始终很热情地招呼顾客来试吃，围过来看一看的人也不少，但除了几个孩子偶尔来凑凑热闹吃吃外，试吃者寥寥无几。

显然，这是一次失败的试吃活动，该公司的人员感到迷惑不解。

像这样的试吃活动，为什么没有人气？原因有三（见图8–3）：

1

超市门口人多、风大，空气中难免夹杂有很多灰尘，直接放在盘子里的食品，顾客会觉得不卫生，从而不愿食用

2

活动只配备了一名促销小姐，因为她需要招呼客人，所以就不能戴口罩，这样也会让人觉得有不卫生的感觉

3

菜品出锅后，进行了二次分盘，而且是敞开的，顾客也会觉得不卫生

图 8-3　该试吃活动没有人气的三大原因

可见，这家餐厅的试吃活动之所以失败，原因还是有不少的。餐饮企业要想通过试吃树立自己的好口碑，在活动的策划组织上一定要用点心思。一般来说，成功的试吃推广活动应遵循以下几个原则：

一是请“对”的人、懂的人。

不是谁都可以试吃，请“对”的人、懂的人吃，才能吃出效果。所以，在试吃前，要做好策划，即要明确请谁来吃、请多少人、吃什么、到什么地方吃。这项工作最好提前一周在网上公布，然后从报名的人中，选择符合条件的。如果只是餐厅门口立个牌子，说今天举行试吃活动，谁都可以进来试吃，那顾客吃完，拍拍屁股走人，一点儿效果也没有。

二是提供优雅的用餐环境。

用餐环境很重要，“美胃”先要“美心”，要让试吃员吃出好心情。如果环境差强人意，菜品再精致、美味，也不会给人留下好印象。所以，试吃前，要布置好用餐环境。一来，让试吃者感到舒心；二来，也是宣传的需要。毕竟一般试吃后，大家会把用餐情况或环境发布到网站或朋友圈。环境的好坏，也会直接影

响到推广的成功与否。

三是服务上多用一点心。

在服务上多用点心，试吃员会感受得到，并且会把它写进自己的试吃体验中。服务做得好，宾至如归，试吃员势必会美言一番；服务跟不上，把对方看作"白吃"，很关键的服务这项分数自然高不了。

试吃的菜品不仅是给试吃员吃的，更是给线上无数的潜在顾客看的。从成本上来说，一顿饭的价钱，在人气网站打一次广告，其实很划算。至于有没有效果，那全看店家策划组织活动的功力了。

厨房直播，热闹中藏着推广门道

国内多数酒店和餐厅的厨房，通常不向外人开放，所谓"厨房重地、闲人免进"。非透明状态下，厨房里到底有什么猫腻，谁也不清楚。

如今，一些餐饮人也从网络直播中嗅到了商机，把厨房搬到了网上，借直播做菜吸引人气。

厨房直播，听来新鲜，其实操作并不难。通过官方的微信公众号或直播平台，网友可实时观看餐饮企业的一些厨房内景，了解厨师们的相关操作。

在成都，有这样一家专注于外卖的餐厅，它敢于把自家的厨房直播给大众，直面食品安全问题，用实际行动来捍卫舌尖的安全——它就是"720新概念连锁外卖餐厅"。它是四川首家实现直播厨房的外卖连锁餐饮企业。通过网络直播，720新概念餐厅让顾客"走进"厨房，顾客随时随地可以观摩厨师做菜的全过程，且能学到一些厨艺。更重要的是，顾客可以目睹做菜的全过程，告别黑外卖带来的苦恼。

720新概念餐厅为什么敢为天下先，要把厨房搬上网络接受顾客监督？老板是这样说的："做餐饮就是做良心，让顾客吃着放心，是我们唯一的标准。每当有单子来，720都是全程直播厨房，顾客可以清楚地看见厨师们的操作。这样做为的就是打造一种曝光效果，体现720安全放心、健康营养的经营理念！"

在餐饮界，有黑心的作坊，也有良心的商家。在大家越来关注健康饮食的今天，互联网又这么发达，餐饮进行厨房直播非常有必要。这种做法不但能获得顾客的认可，也可以为企业树立良好的口碑。

那么，在厨房做直播时要注意哪些问题呢？（见图8-4）

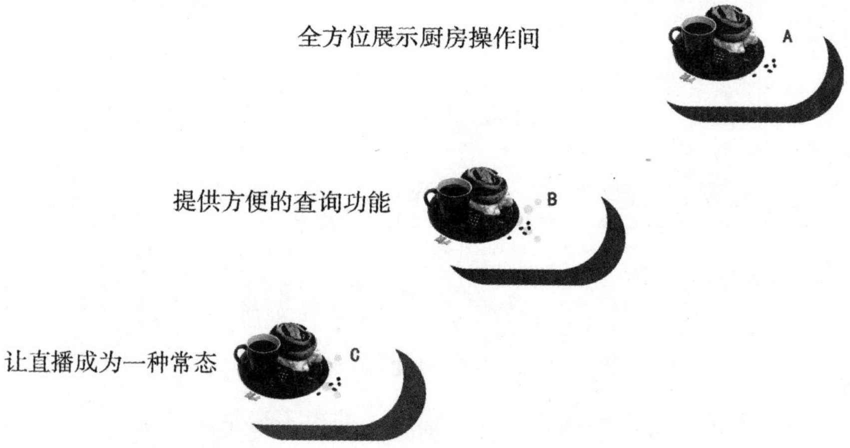

图 8-4　厨房直播需注意的三大问题

一是全方位展示厨房操作间。

厨房直播时，顾客最关心的肯定是大厨怎么操作，以及原材料都是怎么加工制作的。所以，这两个部分要作为直播的重点，最好进行多角度的直播，让顾客从各个角度了解后厨的卫生安全状况。在这方面，湘鄂情餐馆做得比较好。如顾客在大厅里就餐，在餐厅的大显示屏就可以看到后厨的直播画面，其中包括后厨操作间场景以及大厨加工制作菜品的过程。

二是提供方便的查询功能。

在直播的同时，餐饮企业最好提供一些查询功能，如证照查询功能，为顾客提供饭馆的营业执照、餐饮许可证、员工的健康证等电子版查询。这样，顾客点击鼠标，就能在网上看到该企业上年度综合评定是B级，还是C级，并可以查看餐馆诚信状况。

三是让直播成为一种常态。

直播最好成为常态，而不是一时心血来潮。如可以在大厅全天直播后厨，也可以在网上直播，只要顾客想了解餐馆后厨的状况，都可以第一时间获取到相关画面。对顾客来说，这是企业信心的一种展示。来这样的餐厅消费，顾客吃得放心，吃得明白。长此以往，会形成良好的口碑效应。

厨房直播是一种新型的推广手段，而不是娱乐。同时，它也可以有效规范员工的操作，使流程更科学合理。所以，厨房直播在赢得口碑的同时，也能提升员工的自律，使餐饮企业的管理更规范，从而促进企业的高效运营。

让微信朋友圈引爆门店人流量

有一项最新的调查显示，如今微信用户高达9亿多，公众号有上千万个，每天我们有20%的时间，或90%的闲暇时间花在了手机上。

微信用户如此之多，使用频率又如此之高，大的流量势必会催生大的商机。因此现在许多人都在做微商，都在做朋友圈的生意。

北京某火锅店每逢火锅淡季，为了提升品牌知名度和获取更多客流，都会加大微信朋友圈的推广力度，效果立竿见影。这家店是怎么做的呢？

首先，服务前置，先建立信任。顾客到店之后，服务员会非常热情地安排顾客就坐，然后给顾客送上凉爽的金桔汁或雪梨银耳甜品，并细心地插上吸管，让顾客先喝点饮料，再慢慢点餐。一般这时候，有不少顾客会问："这是付费的还是免费的？"服务员会微笑着告诉顾客，这是免费赠送的。这时，顾客会感觉特别爽，信任的第一步就这样开始建立了。

等客户点餐完后，服务员会再送上一杯酸奶，让信任再进一步，顾客感觉更好。这样，也就提升了在一些餐饮平台上的评分，商家通过此活动让餐饮平台上的点评中口味、环境、服务评分均达到9分或5星以上。

其次，有了信任，再谈活动。开始上锅底和部分菜品后，服务员会微笑着咨询顾客："我们现在店里有一个活动，您看要不要参与？"一般这时顾客都会问"是什么活动"。服务员耐心地说："就是拍3张照片（1张品牌图，1张店内环境图，1张菜品图），发朋友圈，并加上地理位置，可享受我们的锅底5折或赠送推荐菜1个，您看，是选择锅底5折还是选择1个推荐菜呢？发完朋友圈只需要在结账的时候给前台看一下就可以了。"

由于之前的小赠品服务已经和顾客建立起了一定的信任感，所以此时再推活动，顾客的接受度会很高，基本上到店的90%的客户都会发朋友圈。通过这种方式，该店在淡季也是一座难求。

有统计数据显示，超过60%的用户每次打开微信必刷朋友圈，用户打开微信的高峰期集中在这么几个时段：早上7点左右，中午12点左右，下午7点左右，以及晚上11点左右。中间两个时段对应了餐饮行业的中午和晚上的就餐高峰时期。所以说，朋友圈的营销推广可以快速形成品牌的高度曝光和形成粉丝裂变式增长，从而带来更多客流，提升品牌知名度。在利用微信朋友圈进行推广时，要掌握如下几个方法：

一是不要"放过"附近的人。

微信推广也要体现3公里原则，即通过微信的位置服务，尽可能做3到5公里范围内"吃货"的生意。具体的方法是：先找到目标群体的手机号，全部存在手机通讯簿里，然后加他们为微信好友。如何找到目标群体手机号呢？可以通过以下四种方式

（见图8–5）。

图 8–5 寻找附近的人的四大方式

二是让好消息在朋友圈转起来。

要不定时地推出一些活动，如推出特价菜或是微信抢店铺优惠券活动。届时，把活动情况提前两三天发布到朋友圈，图文并茂，说明详细的活动规则，尽可能让更多的人参与，不要设定严格的条件，以轻松、活泼为基调。这样，线上线下形成互动，店面就会多些人气。而且，有些朋友还会帮着宣传。

三是服务要有动情点。

吸引顾客到店以后，重点要在服务上做出创新，服务营销核心就是超出顾客期望，瞬间让顾客感动得"泪流满面"。海底捞的成功就在于此，不经意间超越了顾客对服务的期望，让顾客感动。客户一感动，一定会把这种"惊喜"分享出去，也许是在微博，也许是在微信朋友圈，也许是在大众点评网上给个好评等。这就是社会化营销。

四是鼓励顾客进行分享。

鼓励顾客分享，一定是分享"有价值的东西"。比如鼓励顾客在朋友圈分享餐馆好吃的各种菜品，让人胃口大开的美图一定能引来一批点评客，围观的力量很大，无形中可以将餐饮品牌和美誉度在社交圈推送出去。对于这种分享，餐馆可以赠送分享者菜品、店铺积分等，分享者得到的是实惠，餐馆得到的是美名，这就形成了良性互动。

五是打通流量转换环节。

宣传做到位后，还需要打通流量转化这一重要的一环。打开朋友圈，看到最多的就是朋友各种晒美食，但不知道是哪家店，具体位置在哪里也无法获取，想去吃但又不知道怎么去。

所以，在做微信朋友圈推广时，除了图片要有品牌名称外，一定要提醒顾客在微信发朋友圈时显示当时的用餐地点。这样，其他好友点击图片下面的位置即可进入到商家的详情页面，就能知道商家的名称、地址、联系方式、推荐菜品以及更多活动信息等，从而提升转化率，增加到店人数。

与传统线下的推广方式相比，朋友圈广告在覆盖大量用户的基础上，能把门店的广告精准投放给目标人群，提高了推广的效率。

做公益营销，爱心就是好口碑

什么是公益营销？简单来说，就是以关爱弱势群体、人类生存发展、社会进步为出发点，借助各种公益营销手段，包括提供有形的财物或无形的劳务、对社会做有意义的贡献等形式，与消费者进行互动，在产生社会公益效应的同时，使消费者对企业的产品或服务产生偏好，从而提升品牌知名度和美誉度的营销行为。

餐饮企业作为社会的重要组成部分，在获取商业利润的同时，也需承担一定的回馈社会的责任。而做公益是餐饮企业回馈社会的重要手段，也是公认最能被消费者、社会所接受的营销方式。毕竟，以爱之名行公益，能唤起广大消费者的敬重心和认同感。

美国费城有一家远近驰名的比萨店——“罗莎”比萨店。店主沃特曼很有爱心，他希望能尽一份爱心帮助有需要的人，所以他总是将店里的比萨捐出一部分给流浪汉或者囊中羞涩的人。他也希望更多的人共同参与到这项爱心公益活动，同时解决店里因常年捐赠带来的亏损问题。于是，一项"比萨传递计划"应运而生。也因为这项公益活动，罗莎比萨店成了费城的名店。

罗莎比萨店的义举被一传十、十传百后，越来越多的人慕名到店为无家可归者提供帮助。实际上，1美元根本不足以购买1块比萨，比萨店的生意不但没有因慷慨解囊日渐亏空，反而顾客盈门。之后，沃特曼还因此上了美国著名脱口秀节目《艾伦秀》。节目播出后，比萨店又获得某爱心人士1万美元的赞助，专为流浪汉提供免费比萨。

就这样，沃特曼献着爱心，就把钱赚了。可见，他送的不仅是比萨，还是好口碑。

公益营销的本质在于企业借助公益活动与消费者沟通，树立良好的企业形象，并以良好的企业形象进行营销，使消费者对企业的产品产生偏好，在做购买决策时优先选择。因此，餐饮企业需要懂得运用公益营销策略。

一些生活比较困难的群体，比较容易撬起公众的情感支点。向这类群体给予些许关怀，唤起大众固有却不表露的良知，树立品牌的社会责任感，对品牌形象会有意想不到的加分效果。

餐饮企业在进行公益营销时，要从以下几个方面入手：

一是关照弱势群体。

对社会上需要帮助的弱势群体给予特殊的帮助和支持，如罗莎比萨店对社会流浪人群的无偿帮助就属此类。关照社会弱势群体，不但能彰显企业的善举，而且有助于企业树立良好的口碑。

二是开展志愿者活动。

此类活动通常表现为组织企业员工当志愿者，对某项公益活动无偿提供服务。对此，餐厅品牌在创建之初可组建一支"爱心志愿者"队伍，每周定期在餐厅周围做一些扫马路、捡垃圾等公益活动，每个志愿者都身穿带有品牌标识和品牌主张的服装，这无疑又是一种让周边消费者难以抗拒的品牌宣传。

三是适当做些慈善捐赠。

通常慈善捐赠分为三类（见图8-6）：

冠名捐赠

适用各种大型的捐款活动，如官方慈善机构发起大型捐赠活动时，餐饮品牌可参与捐赠并宣传

销售型捐赠

针对企业推出的某个产品或服务，根据销量的多少进行捐赠。如某餐厅与某慈善基金会合作，新推出的“水库鱼头”菜品，每销售一份便向贫困边远山区留守儿童捐款8.8元

奖项型捐赠

由企业设定，主要用于鼓励社会上在某方面做出重大贡献或者需要帮助的人群，类似“诺贝尔奖”、“茅盾文学奖”、星巴克的“部落孩童助学计划”等

图 8-6　慈善捐赠的三种形式

在进行公益营销时，还要考虑企业的实际经营情况以及发展前景，如餐厅策划的公益活动应该与企业的品牌、价值观念相符，让“公益秀”成为传播品牌文化的载体；再者，应当将公益营销作为一种长期的营销手段，而不能一时心血来潮，图个新鲜，做一次就不做了。

除此之外，公益营销要摆脱炒作之嫌。当发生地震、洪涝等重大自然灾难时，餐饮企业不妨根据实际情况，适时介入，这样一方面可以回馈社会，另一方面也能借此提升餐厅品牌形象。切忌搞噱头、商业意图太明显。

运营策划

煎饼摊成千上万，缘何唯独这家火得离奇

“黄太吉”，是2012年成立于北京的一家中式快餐企业。最早，在北京建外SOHO附近，以售卖煎饼、豆腐脑等传统小吃为主，定位是附近商圈的白领。在这个只有20

平方米的店铺外面，买煎饼的人经常排长队，就像春运买火车票一样，煎饼果子竟能从早上卖到凌晨，1年能实现500万元的流水，曾经该企业还被风投估价4000万元市值！

很多慕名前来的客人是从朋友那或媒体上知道这家煎饼铺的，抱着好奇的心来这里尝尝到底是什么味。

黄太吉到底是什么味？只有吃过的人知道，但是，黄太吉为什么如此之火？要归功于它的宣传推广。在移动互联网时代，黄太吉的一些用于宣传推广的活动方案，可以成功移植于其他快餐企业，借鉴意义大，复制性很强。这些方案有如下几个特点：

一是话题新鲜，吸引眼球。

无论是企业微博，还是其他社会化媒体形式，要想让大家参与话题讨论，内容一定要有话题性，这样大家讨论起来才有兴趣，话题才有附着性。黄太吉在话题的附着力上下足了功夫，时不时抛出一些带有附着力的话题来，引发大家的讨论和围观，如"老板开奔驰送煎饼""老板曾是百度技术男"等。这些话题可以迅速地在社交网络上扩散，引发网友的讨论。

二是增进互动，还要好玩。

无论是企业微博，还是其他社交网络，光提供好玩和话题性很强的内容是不够的，还要积极地跟消费者交流和互动，从而在互动中捕捉好玩的内容。在黄太吉的官微中，时不时会晒一些与消费者真诚交流的短信，让消费者感觉很贴心。另外，其在官微上还发起"最大订单"的竞赛，既增强了消费者的参与性，又促进了销售。这样的订单竞赛，对所有商家几乎都很适用。

三是多个平台传递口碑。

黄太吉不仅用微博，还用大众点评网、微信、QQ、陌陌等来做宣传，几乎所有的社会化媒体形式，它都在用。特别是跟LBS结合的微信、陌陌等即时通信工具，可以用来订餐和推送促销信息，非常实用。

四是整合一些传统媒体。

社会化媒体，毕竟仅限于年轻人。而煎饼果子，却是老少皆宜的，对所有客人都开放的。电视目前还是强势媒体，具有广泛的影响力和庞大的受众基数。黄太吉在自身的推广过程中，主推社会化媒体，同时也热情拥抱电视媒体。其曾经通过北京电视台的《美食地图》节目，被更多的吃客熟知，影响力经传统媒体迅速扩散。

第九章

CHAPTER 9

促销策略：别用十年前的方法，赚当下的钱

餐饮业的生意是否景气取决于餐馆经营者的经营策略和促销手段，但促销不是打折、发传单、贴广告！高明的促销，是看上去很“傻”很“赔”，但却充满智慧，是顾客能得到实惠，餐厅又能有收益的双赢局面。

借周年“搞事情”，场面要好看

一家餐饮企业的店庆活动是维持老客户、吸引新客户的绝佳时机。同时，店庆活动也可以提高餐厅品牌知名度、企业竞争力，是回馈消费者信任和支持、增强餐厅员工凝聚力和向心力、宣传餐厅企业文化的有效途径。

所以，优秀的餐饮企业都非常注重举办店庆活动，把活动做得有声有色，希望在吸引眼球的同时，提升企业的知名度。

有一家大型的餐饮连锁企业，几乎每年都会举办周年店庆活动。活动举办时间又恰逢在圣诞节前一周。所以，借此时机，公司以“顾客满意”“管理提升”“文化创新”三者相结合，作为店庆活动的重点。

该公司的店庆方案大体为：

店庆活动时间：12月13日至22日，共计10天。期间还会做一些抽奖活动。

地点：该企业旗下各家分店。

参与人员：公司所有员工、前来就餐的顾客。

营销主题：顾客满意、管理提升、文化创新。

具体实施方案：

（1）“微笑服务”。在店庆期间，所有员工一律实行微笑服务，细致耐心，让顾客乘兴而来、满意而归，提高顾客的感觉消费价值。

（2）“服务大比武”竞赛。在大厅设立一个专门宣传栏，每日评出“当日服务最优之星”，并给予物质奖。

（3）特价活动。每日推出一款特价菜，每日不重样。根据顾客所点菜品加赠部分菜品，如当日一次性消费满100元，加赠2碟凉菜；满200元加赠4碟凉菜等。同时进行一些打折活动。

（4）礼品、抽奖。有计划发放公司店庆纪念品、小礼物，增强与客人亲近感，扩大宣传面。凡是在活动期间，一次到店消费满150元以上的顾客均可以参加抽奖。每个分店设立一等奖2名，奖励“北京一日游”，公司统一组织，中奖顾客食、宿、住、行全免费；二等奖11名，奖店庆红包1个，现金100元；三等奖100名，奖店庆红包1个，现金5元。

这家餐饮店的店庆活动很有特色，所以，每次店庆活动期间公司利润都会翻倍，而且这种势头会持续很长一段时间，会为店面赢得许多新的忠实的顾客。

好的店庆活动一定有它的特色，不只是在网上简单宣传一下，或只是给来就餐的客人打个折。通常，精彩的店庆活动要具备以下几个要素：

一是要明确店庆活动目的。

搞店庆活动，目的一定要明确。有的餐饮店是为了短期的利润，有的是为了店面宣传，有的是为了培养员工的服务意识，有的是为了展现企业文化。规模不同、档次不同，目的也不尽相同。所以，在搞活动前，要根据餐厅实际情况，明确活动的目的。

二是要提前确定店庆活动时间与地点。

一般要提前1个月或20天对外发布店庆活动的具体时间，如果只提前1周或三五天，就会显得有些唐突。发布活动时间到活动日的这段时间，可以通过各种途径为活动造势。活动地点最好安排在店面，或是各家分店。这样，让到店消费的顾客在享受优惠折扣的同时，也能感受到店庆的氛围。如有必要，也可以租用一些场地，举办一些文娱活动。

三是要策划好店庆活动内容。

（1）策划外部顾客活动。这些活动常见的有五种形式（见图9-1）。

（2）策划内部员工活动。这些活动可以是技能竞赛、服务培训，也可以是征文活动，或是其他一些有助于提升员工团队意识、服务意识的主题活动。

1 ■ 打折促销手段

2 ■ 新老顾客优惠措施

3 ■ 各种礼券的使用与发放

4 ■ 赠送餐厅店庆纪念品、小礼物

5 ■ 顾客消费满一定金额可以参与抽奖

图 9-1 店庆外部顾客活动的五种形式

四是要做好店庆活动推广。

推广工作是店庆活动的重中之重。在信息发达的现代社会，媒体无疑是吸引大众眼球的媒介。在做店庆活动推广时，餐厅可以根据不同媒体的特点、自己的市场定位和目标客户的定位，合理地选择媒体投放广告，不可片面追求覆盖率，造成广告的浪费。在推广时，要注意这几点：

（1）做好餐厅外部广告推广。可按照以下几点进行（见图9–2）。

在人流量集中的地方，如火车站、公交车站等地，做户外广告

可以在餐厅附近发放一些传单，顾客凭单消费可享受一定的优惠

在当地一些传统媒体如报纸、电视台、电台等上面进行宣传

在互联网上进行宣传，并发放一些优惠券

图 9-2 餐厅外部广告推广的四种方法

（2）要做好餐厅内部产品宣传。在推行传统餐饮的同时，可推出情侣套餐、商务套餐、家庭套餐、孝心套餐等。如情侣套餐可推出58元、88元套餐等。随着人们生活水平的提高，饮食已经不仅仅是为了解决温饱，而是吃“绿色”、吃“健康”。因此，餐饮店也可以借机推出“绿色家宴”“健康家宴”等。

（3）做好餐厅企业文化宣传。借餐厅店庆之机，餐厅也可以向消费者宣传餐厅的企业文化，增强餐厅在目标消费者中的影响力。可以在店庆期间，设立大型宣传板，上面张贴餐厅的企业宣传口号、餐厅历史图片、员工寄语等。

五是要做好餐厅店庆现场布置。

要让店庆显得隆重，现场布置也很重要。常见的做法是悬挂氢气球、条幅、餐厅吉祥物等，或是张贴大型宣传海报、宣传单、POP（各种张贴画）等。氢气球带着条幅飘在空中；吉祥物热情向你招手；餐厅外打出优惠项目的大条幅，以及祝贺单位的条幅；进门处设置一个高精度喷绘的店庆告示牌；礼仪小姐发放餐厅店庆纪念品……这样整体呈现出一种喜气洋洋的气氛，营造出简洁又有品位的节日氛围。消费者从门前一过，就会被这种气氛所吸引。

此外，还需做到以下几点（见图9-3），让顾客从进店时刻起，即能享受到一流的服务和视觉、听觉、触觉、嗅觉的全方位良好感官享受。

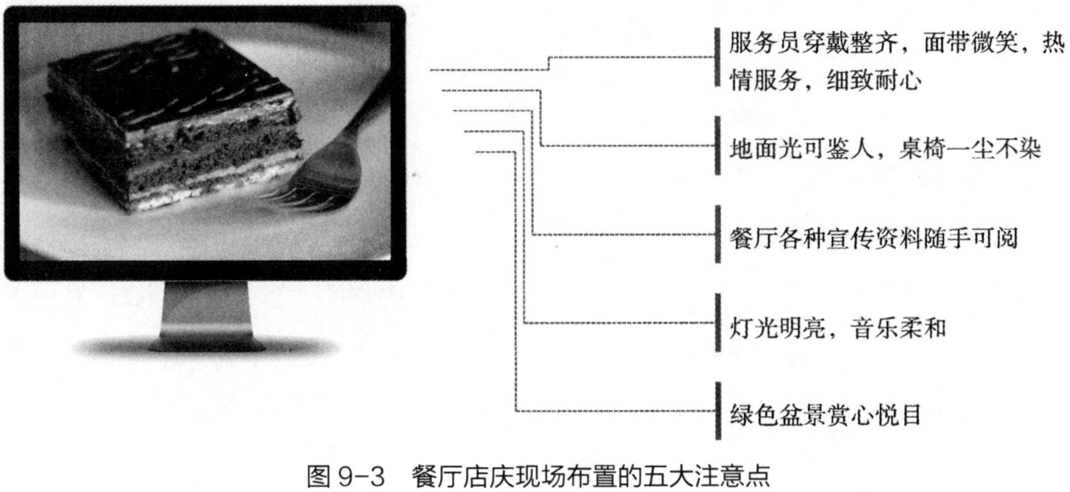

图 9-3 餐厅店庆现场布置的五大注意点

展示促销，卖的就是“鲜”“活”

餐饮业促销的手段五花八门，为了提升营业额，吸引消费者的注意，各商家可谓使尽了浑身解数。其中有一种促销方式简单、实用、高效，而且成本很低，为各大餐饮企业所青睐，即菜品展示。

一些大型的餐饮企业，都建立了菜品展示系统。顾客到店消费时，不仅可以从菜单或平板电脑上了解相关菜品的色、型，而且还可以看到高度仿真菜品，或是真实菜品。用于展示的菜品不能直接食用，它们是顾客了解餐厅菜品特色与制作工艺的一个窗口。

王先生在青岛开了一家餐馆，主打各类海鲜，生意很红火，每天餐馆都有不少前来取经的老板。王先生的店面有100多平方米，装修比较时尚，所有菜品都是现场加工。最让人眼前一亮的，是店里的菜品展示区。这个区域不同于一般餐馆的海鲜区，而是展示店面最拿手的成品菜，顾客通过展示区，可以知道自己所点的某道菜做出来之后是什么样子的。同时，在展示菜品的旁边，还有一个牌子，介绍相关菜品的原料、色香味、营养价值等。所以，进店消费的顾客，都喜欢先到这个展示区，然后再自助点餐，全程不需要服务员。

当顾客通过手机APP下单后，后台会第一时间进行加工。此外，整个后厨操作都是透明的，顾客可以到现场观看厨师的操作过程，顺便也学习下烹调技艺。菜品加工好之后，与展示区的样品一模一样。

实物菜品展示，可以让顾客对菜品有一个直观、完整的了解，能够刺激顾客的消费欲望。所以，不少餐饮企业都会选择这种成本低、效果好的促销方式。一般来说，菜品展示促销方法主要有以下几种（见图9-4）：

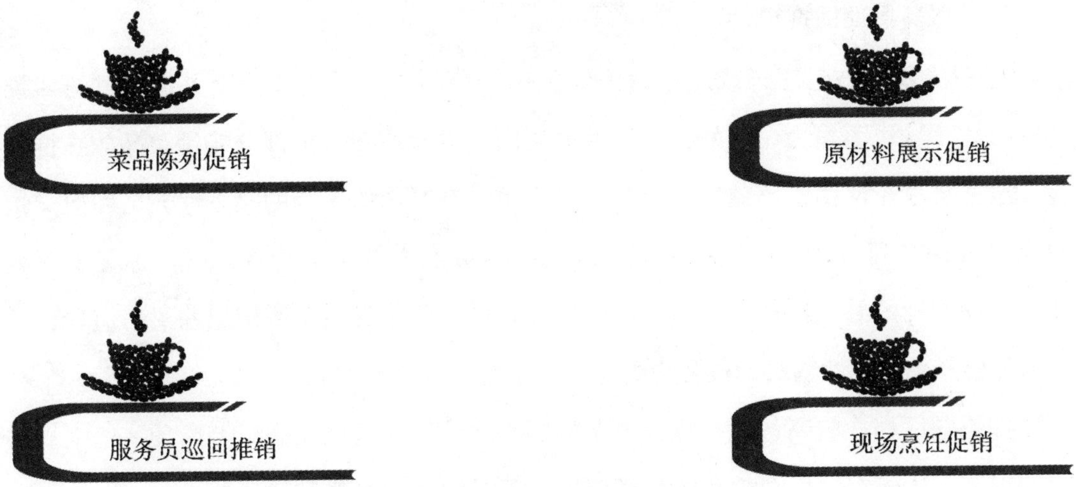

图 9-4　菜品展示促销的四种方法

一是菜品陈列促销。

有一些顾客在点菜时，总对菜单文字介绍和图片展示持怀疑态度，担心做出来的菜不是那个味儿。这个时候，餐厅不妨将烹调得十分美观的菜品展示在陈列柜里，消费者通过对产品直接观察，很快就能点完菜。当然，这种方法的局限性也很明显：不是所有的菜品都适合陈列促销。许多菜品烹调后经过放置会失去新鲜的颜色，这样的陈列反而会起反作用。一般来说，这种促销方法比较适合凉菜、甜点、沙拉菜等。

二是原料展示促销。

一些经营海产类菜品的餐厅，可以通过原料展示进行促销，因为这类菜品讲究鲜活。原料展示，可以让消费者直观感受到餐厅所使用的原料都是新鲜的。怎么操作呢？餐厅可以在门口用透明玻璃鱼缸养一些鲜鱼活虾，任凭消费者挑选。厨房按消费者的要求加工烹调，这样消费者就容易对质量满意。当然，也不是所有的产品都适合这种方法。比如一家餐厅的菜品中有蛇肉一项，如果在餐厅门口养两条大蛇，路过的人看见蛇就会远远躲开，何谈进餐厅就餐？可想而知，销售结果与预计会恰恰相反。

原料展示促销的关键是，必须保证质量。有的餐厅鱼缸里的鱼半死不活，消费者不但不会点鱼，对这家餐厅也会失去好感。

三是服务员巡回推销。

有一些餐厅供应凉菜或点心，为销售这些菜品，于是餐厅让服务员采取巡回推销的方式，这也不失为一个妙招。这种方法的关键就在于，把部分畅销菜品放在推车上，服务员推车巡回于座位之间向消费者推销。有时消费者点的菜不够充足，但又怕再点菜等待时间过久，在这种情况下，推车服务既方便了消费者，又增加了餐厅收入。巡回推销的好处还在于，消费者如果没看见这些菜品，不一定想购买，但看见后便可能会产生冲动性购买动机和购买行为。

如果餐厅档次较高，除了推销凉菜或点心之外，还可以在小车上配备一碗刚刚出锅的馄饨。这碗馄饨盛在精致的小汤碗里，下衬漂亮的餐垫和精致的衬碟，馄饨里有碧绿的香菜和可口的蘑菇作点缀。在餐具和装饰品的衬托下，这碗馄饨的外观非常诱人，使它在消费者心目中的价值倍增。这样，原本一道成本不高的菜品，就可以卖出一个较高的价格。

四是现场烹饪促销。

在一些餐厅就餐时，可以看到像印度飞饼这样的现场制作场面。通常，这种带有表演性质的现场烹饪，会使消费者产生兴趣，勾起他们的食欲和引发他们强烈的品尝心理。因此，你的餐厅不妨也可以采取现场烹饪的方式促销。

这种方式的优势是，消费者目睹菜品的烹饪过程，当场品尝，会感觉更加美味；现场烹调还能利用食品烹调过程中散发出的香味和声音来刺激消费者的食欲。需要特别注意的是：在策划现场烹调促销时，餐厅管理者一定要选择外观新鲜漂亮的菜品，烹调时无难闻气味、速度快而且简单，如烧烤类的菜品就容易做现场烹调。另外，烹调的器具一定要清洁光亮，否则消费者会对餐厅产生坏印象，认为这里的饮食不卫生。

上述几种方法，都可以既节省成本，又能达到良好的促销效果，餐饮企业可以灵活运用。当然，也可以组合使用这些促销方法，然后形成自己的风格。

节日促销，设定有新意的主题

餐厅在节假日搞促销活动很常见。一般来说，节假日都能提升餐饮市场的热度。有统计显示：1年中，一家普通的餐厅在不到1/3的节假日时间里可创造全年1/2的营业额。餐厅在双休日的营业额一般是平时的1.5~3倍，而在春节、五一、中秋、十一、元旦等重大节日生意更是红火。所以，节假日之前，餐饮企业就应做好准备，利用节假日设定主题进行促销。

“小厨娘”在每年的各个节日都会推出一些很有意思的促销活动，在增加顾客就餐趣味的同时，也提升了店面的营业额。比如，有一年父亲节到来之际，小厨娘在微信公众平台推出一个极富创意的父亲节活动——分享“一巴掌”，享受一份礼。活动说明是这样的：

将“第一次被爸爸打”的故事发送到“厨娘.CN”平台，就可以获得礼品！支持语音、文字！

记忆里老爸严厉又慈祥，老爸太慈祥，怕我学坏不务正业；太严厉，又怕我会记仇不再爱他。老爸那份爱，只有长大后为人父为人母的时候才有体会。马上就是父亲节了，扒一扒第一次被老爸打的故事，回忆那份痛并幸福的“一巴掌”。

每逢像父亲节这样的节日期间，不少餐饮商家都在进行亲情渲染，引导消费者分享自己与父亲、母亲、兄弟姐妹、师长的感人故事。同是营销，小厨娘独具慧眼，以“亲情的痛点”作为切入点，反而能给消费者眼前一亮的感觉。快乐总是让人容易忘记，而当时的痛才能真正勾起心里深藏的感情。

让消费者“痛”，他才能记住你，这叫痛点营销（见图9–5）。每到节日都会出现一大波同质化“潸然泪下”式情感营销，如何挖掘不同的营销策略和创意方向，是各大餐饮品牌面临的难题。

消费者在体验产品或服务过程中，没有得到满足而造成的一种心理落差或不满，这就是痛点。痛点营销就是针对消费者的痛点进行营销，实现消费者的消费期望。

图 9-5　痛点营销的定义

总之，只有在做促销活动时突出自己的特色，突出特定的顾客群体，才能击中顾客的痛点或嗨点，进而提升餐厅的人气与效益。下面本文就节日促销的创意策略进行分类论述：

一是中国传统节假日。

中国的传统节假日较多，餐饮企业可以抓住传统节假日，举办与传统节假日有关的餐饮促销活动。通常，餐厅可通过相应卖场的设置，宣传有关传统节假日的文化典故，组织策划专题促销活动，并推出各种主题菜式，增进消费者对我国传统文化的了解。这样，消费者不仅能得到餐饮欲望的满足，还能感受到餐厅的文化品位和文化氛围。

二是西方传统节假日。

如今，越来越多的年轻人热衷于过洋节，例如圣诞节、复活节、情人节、母亲节、父亲节、万圣节、感恩节等。每当这些节日来临，他们都会与对应的人群相聚在一起欢度节日。

针对西方节日搞促销，餐厅一定要抓住相应文化特色主题，介绍西方文化内容，才能吸引消费者。尤其是过圣诞节，这是最热的餐饮消费点，餐厅应当通过独特的主题色彩、环境布置、活动安排强化本餐厅与众不同的餐饮卖点。

上海有一家餐厅，在圣诞节与元旦期间，都会推出丰富多彩的特殊促销活动，不论是两人共度一个柔情蜜意的甜美圣诞，还是亲朋好友欢聚一堂同庆佳节，该餐厅都能使消费者的圣诞节过得多姿多彩。在圣诞促销活动中，餐厅还特备了风味别致的“圣诞年糕”，每份仅收费1元。如今，这家餐厅在上海的人气非常高，经常座无虚席。

三是国际性的节假日。

五一劳动节、六一儿童节、三八妇女节，都是国际性的节假日。在这些节假日中，餐厅要根据不同人群的需要，开展相应的促销活动。例如六一儿童节，可以推出以儿童为服务对象的主题套餐；在五一劳动节的时候，可以推出针对广大劳动者的餐饮菜品；三八妇女节时，可以准备一些有助于女性美容、补血的特价健康菜品。

四是季节性节假日。

对于季节性节假日，餐厅的促销活动应当借题发挥，突出节日的气氛。餐厅可以在不同的季节中进行多种促销。这种促销可根据消费者在不同季节的就餐习惯和在不同季节上市的新鲜食材来策划促销的菜品。

即使没有节假日，餐厅也可以根据季节做出促销。例如在酷热的夏天推出特价清凉菜、清淡菜，在严寒的冬天推出特价砂锅系列菜、火锅系列菜以及味浓的麻辣菜等。

五是职业类节日。

所谓“职业类节日”，它指的是如教师节、秘书节、记者节、护士节等职业类的节假日，这些节日往往是为某些特殊职业的从业人员而设，餐厅可以在这样的节日中，通过开展主题餐饮活动联络与这部分消费者的感情。

除此之外，一些特殊时段也是促销的好时机。如高考、暑假、年终期间。在这些时段内，餐厅可以推出诸如高考餐饮促销活动、暑期儿童套餐等，吸引不同阶层消费者的注意。还要注意的是，在节日进行餐饮促销，需要将餐厅装饰起来，烘托出节日气氛。另外，还可结合各地区民族节日组织促销活动，使活动多姿多彩，让消费者感到新鲜和欢愉，这样的促销才能达到不断提高餐厅人气的目的。

变相降价，把利“让”给顾客

一提到促销，人们的脑海中第一个念头就是：优惠的价格。的确，是不是真优惠，优惠的力度有多大，最终都会体现在价格上。进行价格促销，不是打价格战，而是通过即时优惠或延期优惠，吸引顾客持续消费，或是培养顾客的忠实度，保持住店面的人流量。

即时价格优惠，是伴随餐饮购买行为而自动生效的各种优惠，如现场摸奖、现场打折、赠送礼品等；延期优惠则是消费者在下次购买餐饮产品时，才能使用和享受的各种优惠。对于这两种方式，餐饮企业应制定不同的促销方案。

北京有家快餐馆，曾推出一个看上去很奇葩的促销活动——“菜由我做，价由您定”，引来不少好奇的食客前来就餐。这家店的菜单上，一共推出10道做促销的家常菜，如宫保鸡丁、水煮肉片、毛血旺等。

顾客每次就餐限点一道，吃完后，顾客给这道菜定价，随便给多少，但最后还要点评一下这道菜。

活动推出后，平时卖18元的宫保鸡丁，有的顾客出价1元，外加1碗米饭，但有的顾客给30元。因为多数顾客出价适中，基本在20元左右。所以，餐厅不会因为这几道做活动的菜而赔钱，倒是因为消费的低门槛，把更多的顾客请了进来。

虽然说，上述这种促销方式并非长久之计，但是，短时间内却可以提升客流与店面的知名度。许多时候，促销不一定是为了赚钱，而是为了打广告。这家店通过独特的价格促销，成功做到了这一点。

可见，成功的价格促销，为的是通过短期的低价，提升店面的热度与知名度，但这不是一种长久的价格策略。餐饮企业的价格促销，主要有以下几种：

一是折扣促销。

提到优惠促销，就不得不说折扣促销，因为这是优惠促销最常见的形式。折扣促销之所以受到众多餐厅的欢迎，是因为这种方法不但可以根据消费者的消费额多少确定折扣率高低，还可以在餐饮淡季和非营业高峰期间，实行半价优惠和买一送一等优惠活动，以吸引更多的消费者，提高销售额。

实施折扣促销策略时（见图9-6），一定要注重突出“灵活、新奇”的特点，例如某餐厅推出的“微信支付，享不同折扣”活动，就充分利用了人们的侥幸心理，从而提升了营业额。

图 9-6 折扣促销策略的五种方式

二是团体用餐优惠。

在某些季节内，由于成本因素，餐厅很难对个人消费进行打折，但对团体消费，还是应当采取适当优惠，比如会议就餐、旅游团队包餐等。会议和团队就餐通常以每人包价收费。

三是额外赠送促销。

餐厅可以给消费者赠送一些小礼品，包括餐后的水果拼盘、带有餐厅标志的打火机、儿童玩具、日历等。这些赠送的小礼品需要根据餐厅相应的消费人群来设计。

如果就餐当天，恰巧遇到消费者生日，餐厅可以给过生日的消费者打折或免费赠送蛋糕；对某些特殊的消费者在特殊的节日给予优惠，如母亲节给予母亲优惠、重阳节给老人半价优惠、儿童节给儿童送小点心等。

四是低价套餐促销。

管理者与厨师共同研究设计，将若干种菜品组合成一种套餐，按较低价格出售，以此吸引消费者，增加整体收入。低价套餐一般比较适合周末家庭消费和节假日消费。

五是送免费菜品促销。

当餐厅研发出新菜品时，可送给某些消费者品尝，以了解他们是否喜欢这种菜品，同时欢迎他们再次光顾。当新产品得到认可后，再将其列入菜单。有条件的餐厅可设置品尝点，采取新菜品先尝后买的措施。

除了上述价格优惠方式外，还可以进行积分奖励，或者不定时发放优惠券。尤其是在淡季，要适当进行一些折扣促销，或者与其他餐饮企业联合促销。比如，邻家是啤酒经销商，可以共同举办“啤酒节”。促销期间，啤酒经销商提供折扣啤酒，餐厅提供折扣菜品。

玩好会员制，“撩”到更多顾客

会员制营销在餐饮业算不上新鲜事，随着微信公众号，以及一些手机APP的流行，越来越多的餐饮企业玩起了会员制，希望“撩”到更多的线上顾客。会员制营销将微博的粉丝、微信的朋友、手机会员有机地结合起来，打破单一的营销模式，让会员在一个系统下，享受更多的服务内容。商家可以通过平台向会员推送能满足会员需求的信息，带来持久的循环式消费。

从营销的角度看，会员制是一项非常重要的工作，也是一项非常需要智力的系统工程，不是办张会员卡、扫个二维码那么简单。餐饮企业实行会员制时如果不注重细节，不但很难吸引新顾客，也很难留住老顾客。

优秀的餐饮企业，在使用会员制营销策略（见图9-7）时，非常注重细节，非常注重顾客的用餐与“身份”体验，并且会不断提升会员制营销的水平。

图 9-7 会员促销的四种形式

“醉麻辣”，是开在北京三里屯的一家小店，营业面积约300平方米，日营业额最高时超过3万元，这家小店的微信会员制玩得很溜，那它是如何用微信会员卡来发展忠实会员的?

首先是激活会员：领取会员卡即有见面礼。成为醉麻辣的会员，可以免费领取一张优惠券。虽然优惠的力度比较小，但是由于在醉麻辣消费并不高，物美价廉，因此这个活动还是吸引了不少人。

其次是唤醒会员：让“沉睡”的顾客变成餐厅常客。醉麻辣通过微信后台筛选出3个月没消费的会员，自动往他们账户里面发放30元代金券，用户只要登录会员中心，就能查看到。由于优惠力度比较大，不少顾客因此被吸引过去消费，而随着后续一些活动的推出，这部分人也有不少成了餐厅的常客。

再次，餐厅通过店庆和新店开业活动，拓展了一大批粉丝。每逢店庆时，醉麻辣会往微信会员的会员卡中自动注入50元红包，消费满100元即可使用，有效期是13天，而新店开业则会员卡中自动注入60元代金券，消费满100元可用。

除了发红包，醉麻辣也发各种小福利，比如，会员消费1元就有1积分，这些积分可以换礼。再如，不定时举办鼓励会员储值的活动：会员储值5倍当次消费金额，当次消费免单。

总之，醉麻辣通过各种活动和各种优惠来吸引、唤醒和刺激顾客消费，拉近了餐厅与顾客的距离，增加了顾客的忠诚度。

如今，真正的粉丝会员是可以支撑起品牌价值的。从某种意义上讲，现在互联网餐饮的火爆正是粉丝会员热捧的结果。餐饮企业要想发挥会员的价值，必须要玩好会员制。

一是有重点地筛选顾客。

从心理学角度来说，当顾客第一次在一家餐厅就餐时，如果各方面都还满意，那么他有很大的可能性会再次光顾。进一步说，在顾客第一次消费的时候，餐厅就得做好一件事：即筛选顾客，筛选出具有消费潜力的顾客进行重点推广，对于那些偶然“路过”的消费者，即使你白送给他一张会员卡也不会促使其二次消费，并且卡片制作也是有成本的。

二是防止新会员流失。

许多餐厅老板都有这样的经历：一家餐厅在经营了一段时间后，餐厅老板发现回头客在不停地流失。餐厅老板经过调查后得知，原因是许多客人对自家餐厅产生了消费倦怠感。但是哪些顾客没有来？多久没有来？餐厅老板就很茫然了。要防止出现这种现象，需做好一项工作：对会员信息进行录入，同时对会员进行分组、划分等级，通过统计消费时间轻松找到那些即将流失的会员，有针对性地开展相关营销，如发放电子优惠券，以有效避免顾客流失。另外，还要统计即将过生日的顾客，为他们再次到店消费准备一份小惊喜，或是适时送上一条小小的祝福短信，这都能增加顾客的黏性。

三是特别对待老会员。

会员制营销的核心是“照顾”好老顾客，而老顾客主要关注的是自己的“特别待遇”。餐厅通过分析某会员的喜好，了解他最爱吃什么菜，等他生日当天就送那道菜，这样就会给顾客带来一种亲切感，对提升餐厅品牌形象有很好的效果。除此之外，可对再次来消费的顾客发放代金券。

每一家店都有自己的特点，在进行会员制营销时，不要盲目去抄袭别人家的会员制营销方案。比如说，一个人均消费120元的餐厅，顾客成为其会员，餐厅就可以送价值58元的菜品，而人均消费只有30元的餐厅也送58元的菜品，就无法控制成本了。反过来也一样，人均消费30元的餐厅可以送8元的凉菜，人均消费120元的餐厅也送8元的凉菜，能有吸引力吗？所以说，不同餐饮店的会员特征不相同、消费习惯不同，瞎做、滥做或是到处模仿，只会让会员流失得更快。

运营策划

顾客要的不是便宜，是感觉占便宜

有一家餐厅几乎每周都在搞促销，但它不像其他店，搞得动作很大，而只是在价格上做文章。时间长了，很多老顾客都会踩着点来享受优惠。这家店是如何做促销活动策划的呢？店主是一名90后，很有想法。他知道，顾客对每道菜品都有一个预估价位，对于顾客熟悉的菜品，价格会定得要比同行稍低，这样，顾客就觉得占了便宜。对于顾客不是很懂的菜品，价格要稍贵一些。比如嫩牛肉与酱牛肉，在做促销活动时，价格就不一样，嫩牛肉卖30元一斤，而酱牛肉要卖38元一斤。事实上，两道菜品所用原料相同，成本并没有相差这么多，但如此做会让顾客觉得他家的牛肉便宜。

许多时候，顾客要的不是便宜，而是感觉占便宜。只有让顾客感觉划算，愿意消费，那这样的促销方案才算成功。所以，根据顾客的这一心理，餐饮企业在策划促销活动时要紧紧抓住一点：让顾客感觉占了便宜。像下面的几个方案，都可以用在此类促销活动中（见图9-8）。

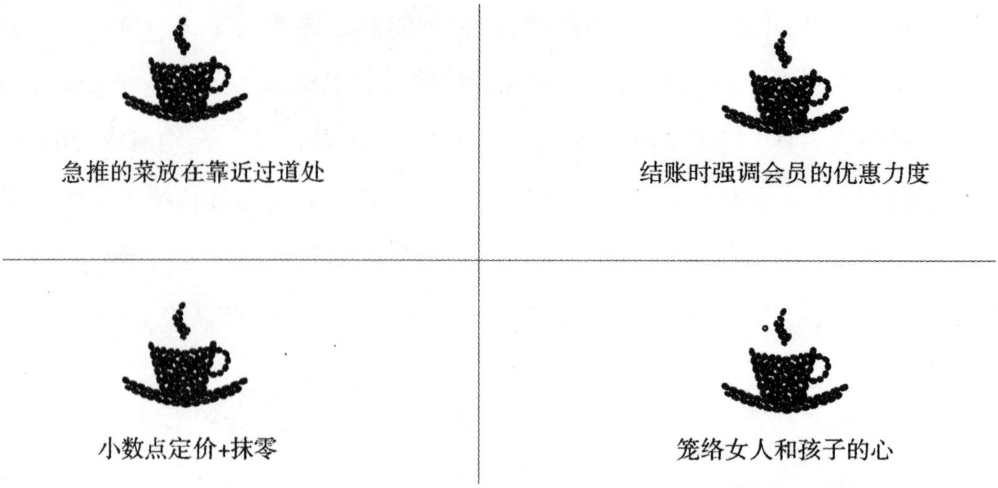

图 9-8　促销策划活动的四大方案

一是急推的菜放在靠近过道处。

在餐桌上，可以通过菜品摆放的位置吸引顾客关注。在靠近过道的位置，放置当日的急推菜，依次往里是特色菜、上菜慢的低毛利菜。不要小看这样的摆放技巧，顾客在通过过道时，一定会观察其他人点的菜，当顾客发现有些菜“桌桌必点”时，一定会感兴趣。

二是结账时强调会员的优惠力度。

生硬地要求顾客办会员卡，顾客往往觉得碰上了大忽悠。然而，如果顾客感受到了会员带来的实惠和便宜，他们就会考虑办卡。比如，服务员在结账的时候告知顾客：“先生，您的消费原价是200元，会员价是150元。”多说了这一句话，会让很多顾客心甘情愿地花钱办卡。一道菜省两三块钱，顾客往往不以为然，然而一桌菜省了几十元，顾客就会觉得划算了。

三是小数点定价 + 抹零。

价格中的小数点会让顾客觉得餐厅是认真核算后才定价的，不是瞎要价。而在具体的操作中，这样做一来可以让顾客更加认可餐厅，二来可以在结账的时候便于餐厅给顾客抹零，更顺理成章地卖个人情。有些顾客习惯精打细算，价格先加上小数点，再结账时适当抹零，顾客会感到占便宜。

四是笼络女人和孩子的心。

很多妈妈都会遇到这种问题，带宝宝吃饭时，竟发现没有适合孩子的菜。所以，在做促销活动时，可以适当推出一些“宝宝菜”，如三鲜蒸水蛋，标价为25元，在菜单旁边可以注明：“宝宝版小份免费”。其实，蒸水蛋一般人不会点，大多是带孩子的家长会点上一份。可是一份蒸水蛋孩子也吃不了几口，吃不完就浪费了。而小份蒸水蛋免费的促销手段，一下子就能笼络妈妈和孩子的心。要知道，女人更善于传播，如果把女人“照顾”好了，还怕餐厅没有好口碑吗?

第十章

CHAPTER 10

“互联网+餐饮”：线下创造价值，线上创造窗口

什么是互联网餐饮？互联网餐饮是一个“过程”，而非一个状态，它不但改变了人们吃饭的方式，而且颠覆了传统餐饮经营模式。此外，其强调对产品、服务流程的信息化的改造升级。因此，传统餐饮业只有拥抱互联网，进行升级、转型、改造，才能插上飞翔的翅膀。

做微信智慧餐厅，要摸准食客的嗨点

现在，即使到一些很普通的餐厅吃饭，顾客也经常会被告知：用微信“扫一扫”就可以点菜下单。整个点餐过程服务员并不参与，这就大大节省了服务员的沟通成本。

微信点餐就一定能带来客户吗？不一定！大部分人不会因为这家店是用微信点餐，就特地去吃饭。做互联网餐饮不能单单提供一个微信点餐功能。一些微信智慧餐厅做得比较好的店，互联网服务通常贯穿了预定、等位、点菜、支付、会员管理等各个服务模块。这些服务模块将线上与线下相连接形成了餐饮服务的O2O闭环（见图10–1）。

线上的营销与推广，目的是将客流引到线下体验消费，实现交易，这只是一次O2O模式的交易，而要做到闭环，还要让消费者返回到线上，在线上进行反馈与交流。

图 10–1　餐饮服务 O2O 闭环的定义

比如，顾客关注餐厅公众号并点餐后，一般不会立马取消关注公众号。这时候，如何通过推送消息抓住消费者心理，使消费者二次乃至多次到店消费？可以通过微信点餐记录，定期将餐厅招牌菜和冷门菜进行分类，实时更新菜谱。这样，才可能将消费者转化成忠实客户。

所以，基于微信建立的O2O平台不仅仅是满足线上点菜需求，而是一个集会员管理、店面营销、个性化服务等全方位的系统。

刘爽是一名85后，经营着一家江湖菜馆，店里25张餐桌，却只有一个服务员。选菜、端菜全靠顾客自己动手。95%的订单来自网络，有人大赞：老板，你这

O2O做得好！

平时，刘爽爱打游戏、侃大山。他这家屌丝气质浓郁的馆子，从两年前的不温不火，到如今的4家分店，用他的话说，都是微信玩出来的。怎么个玩法？

玩法一：微信自助点餐。

到店的顾客都是提前通过微信下单，下单时，要备注好用餐时间，比如上午10点下单，备注“12点用餐”，等11点55分到店，只需等最多5分钟，自己订的餐就做好了。

玩法二：玩微信送福利。

老板喜欢讲故事，写段子，也经常用自嘲来逗顾客开心。不过，他每天在公众号发的段子不超过3条，后面大家会跟许多评论。谁的评论精彩、有趣，他就会选出来，并送上福利，如一次免费用餐，或是一个微信红包等。

他经常邀约微信好友玩公众号里面的一些小游戏，每周公布一次战果，超过他的前40名送花生1份，总排行榜前3名免费送菜品。所以天天都有人加公众号成为粉丝，并常常有人在公众号里问：老板，我今天第几名？另外，店里每出一道新菜品，公众号都会发布征集菜名消息。谁想出的名字被选用后，那他点这道菜就可享优惠，如素菜可在店里终生免费，荤菜则享受高折扣。

玩法三：线下跟着微信玩。

微信上大家都叫刘爽屌丝老板，菜馆也要走屌丝路线。在线下，他将菜单做成答题卷：选择题是12道固定主打菜，顾客只需选菜画钩，简答题为配菜，顾客可根据店内黑板上每天提供的机动食材，随意搭配。答题卷上，老板友情备注：认真填写，可用拼音替代。很多顾客看了菜单便会拍照然后上微信传播。老板说，因为选菜、端菜依靠顾客自己动手，店里几乎不需要跑堂。为了鼓励这种自助服务，老板会送每位顾客酸角汁一瓶，相当于把节约的人力成本变成赠品。

很多人称赞刘爽O2O做得好，他却说：其实我不懂什么叫O2O，我也没什么文化，只知道好玩。

玩也要靠智慧，做微信智慧餐厅，一定要把握住餐饮店微信营销的精髓——依托微信的连接能力，真正打通餐饮的online和offline。也就是说，借助微信，餐厅可建立和顾客沟通互动的渠道，将传统服务在线上完成，有效提升餐厅服务效率，同时大大降低运营成本。

对一家餐饮店来说，用微信这个互联网工具解决传统餐饮企业的一些痛点，找到顾客的嗨点，才可能增加餐厅的活力。在打造微信智慧餐厅时，须把握好如下几个要点（见图10–2）：

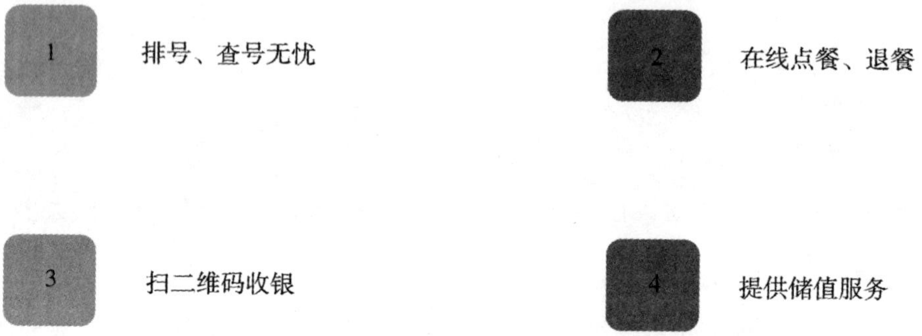

图 10–2　打造微信智慧餐厅需注意的四个要点

一是排号、查号无忧。

在用餐高峰期，顾客往往需要排较长时间的队，为了减少顾客无谓的等待，可以在公众号内增加排号和查号，以及到号提醒等服务。这样，顾客在下单后，就知道自己前面有多少人，大概要等多久，这段时间他可以处理其他事情。这个人性化的设计可以改善顾客的用餐体验。

二是在线点餐、退餐。

传统的点餐方式是，顾客落座后，才开始翻看菜单，然后点餐，之后再交由后厨去做。这样，如果用餐人员集中的话，后厨的压力较大，上菜速度也会变慢。使用微信点餐，必须改变这种点菜方式，顾客可以提前一到二个小时点餐，并且可以预约就餐时间。这样一来，后厨就能根据线上订单的情况，合理安排加工次序。比如，某顾客点了一道菜，之后又退掉了，恰好这道菜后厨没有加工，那这个订单就不影响餐厅的正常经营。当然，如果后厨已开始加工某道菜，订单就可设置为不可退状态。

三是扫二维码收银。

如果是线上下的单，在线支付就可以了。如果顾客是到店下的单，可以在用过餐后支付。支付时，只需扫固定关联桌号的二维码即可。顾客通过扫描二维码，可自助完成点餐、买单等操作，点击结账按钮即可自动显示当前账单，整个过程都是自助的。支付完成后，顾客手机和服务员收银终端都会收到交易成功的反馈，双方便于核对消费金额。

四是提供储值服务。

储值卡有助于餐厅提前锁定顾客，沉淀资金。餐厅通过微信推出虚拟储值卡，可降低使用门槛，提高顾客使用比例。顾客可以通过微信，完成储值卡身份绑定，并可用微信支付自主充值。在消费的时候，顾客可通过扫码等方式进入储值卡消费界面，确认消费金额后进行支付。当然，顾客可自主通过微信查询储值卡消费记录、余额等信息。当发生金额变化时，顾客还可实时收到微信提醒，把每一笔消费都随心掌握。

总之，通过微信智能点餐系统，餐厅可实现点餐、收银、排队、预订、会员营销、报表分析等功能，消费者通过微信下单，则方便点餐后菜单信息直接传送到后厨。由此，餐厅便可以节省人力成本，提高翻台率。

怎么做团购？“吃团购”就是“吃粉丝”

随着团购热潮的退去，许多餐饮企业发现：通过团购网站来的消费者，很难成为自己的忠诚客户群。菜品的销量是上去了一些，可利润却不断下降。为什么会出现这种情况？

通过团购网站到店消费的顾客，大部分都是抱着“吃团购”的心态去消费的，基本无二次消费。以消费心理而言，因为他们已经体验过了超低价，就不会愿意再花商品本身价值的钱去二次消费。所以，团购客户是没有忠诚度可言的，他们的消费宗旨是哪家便宜就上哪家吃。对商家而言，回头客才应该是商家的主力消费群，而非团购消费者，因为团购消费者是团购网站的回头客，而非商家的回头客。那是不是说，团购就不能做了，或者说餐饮店应放弃团购呢？当然不是！

某餐饮企业入驻了一家团购网站，为顾客提供了团购券。不少顾客通过团购网站团了这家餐厅的团购券，消费以后觉得味道还不错，而且价格特别便宜，于是有人就推荐给朋友来消费。可是，这家餐厅的生意并没有预想的那么红火。原来，被推荐的人大多只记住了团购网站，而没有记住这家店的名字。这家店的服务、实惠所带来的粉丝并没有成为自己真正的粉丝，而是成了团购网站的粉丝。

所以，这家店不再入驻团购网站。因为团购的利润太薄，而且还要返点给团购网站，几乎无利可图。后来，老板搞了一个微信公众号，并开发了团购功能。日积月累，有了上万的粉丝，每天的团购量很大，本着薄利多销的原则，店面的生意越来越火红。

餐饮市场经历了多年的团购战、价格战、人海战后，不少人开始认识到餐饮店需要的是粉丝口碑营销（见图10-3）。商家只有真正拥有属于自己的粉丝平台，才能建立起忠实的粉丝群，即把“吃团购”消费群的“福利”送给忠实粉丝，让粉丝拉动粉丝来消费，才能培养新客户群。所以，餐饮企业在线上进行团购营销时，要想网罗住自己的粉丝，必须讲究一点策略，而不能随大流。

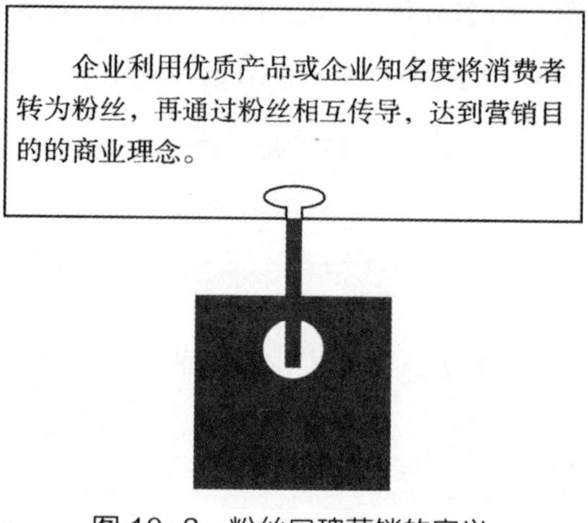

图 10-3　粉丝口碑营销的定义

一是建立自己的 O2O 平台。

餐饮商家必须想办法摆脱对团购平台的依赖，避免被团购平台挟流量以令商家。

商家可以通过其他渠道建立一个属于自己的O2O平台，通过限时、限量等优惠方式，吸引新的客源以及吸引老客户的再次消费，从而将消费者牢牢掌握在自己手里。

比如，建立微信公众服务号。这是一种将消费者转化为粉丝的一个很好的方式。餐饮商家可以通过微信打造自己的粉丝群体，建立自己的会员体系，对会员采取优惠政策或者通过一些游戏的互动来维护与粉丝们的关系。

二是开展限时、限量秒杀活动。

商家可以发布一个在指定时间内推出的优惠活动，限人数秒杀。只有达到预定人数，才可以让每个人都享受到折扣价。这样，消费者们会有较大的热情将这些信息推送到朋友圈、微信群来邀请好友购买。这种限时、限量的优惠方式能够有效地形成口碑传播，从而增强品牌的传播力。

三是开展超量返现活动。

商家可以发布一个团购超量返现的活动，即在约定时间内消费者首先按照原价进行购买，超过设定的购买量后则返现给消费者。比如：套餐券199元，设定30天时间，消费者一开始按照原价199元进行购买，然后设定购买量超过100份则返现10%给消费者，超过200份则返现20%给消费者，以此类推，如果超过1000份则消费者可以返现100%免费吃。通过与消费者博弈的一个过程，商家引发参与者传播、分享活动，吸引其好友购买。

四是线上线下区别定价。

一旦限时团购，线下绝不能出尔反尔，朝令夕改的做法对餐饮店品牌有极大的负面影响。正确的做法是：当餐饮店团购套餐相对低价时，线下一定需要正价，甚至在销量引爆之后适当略微向上溢价——以此收拢高度分散的资源，简化菜品结构，减少其他菜品，集中投入到爆品上来。与此同时，消费者的持币待购心态会更加饥饿，对菜品的品质感知也会更加强烈。

可见，想要做好团购，除了要有平台支持，餐饮商家还要控制好团购优惠的力度和人数，用好团购这把双刃剑。

跑外卖江湖，处处要防“坑”

做餐饮其实跟做其他行业一样，要遵守市场规律，许多门外汉看不清这个规律，一股脑地做起了互联网餐饮——以为搞个APP，入驻外卖网，就是在搞互联网餐饮。结果，很快就被市场淘汰了。

餐饮行业的大数据显示，在北、上、广、深这样的一线城市，每天新增近百家外卖企业。在这样激烈的竞争中，要想活下来，不是一件容易的事！

所以，不要看当前外卖行业很火，就盲目进入。外卖火的背后可能是大鱼吃小鱼、快鱼吃慢鱼的血腥的厮杀。没有独门绝技以及过人的经营技巧，只会死得更快。

日本有一家很牛的快餐公司，叫“玉子屋”。这家公司每天卖出的快餐近13万份。但它不是一家互联网外卖平台，而是一家发迹于菜市场、全自营的夫妻店，由菅原勇继先生创建。这家快餐公司为什么如此牛？

首先，高品质、低价位。玉子屋只做职场白领的生意，他们大多希望午饭更便宜、更好吃、更健康。午餐到底有多便宜？一份相当于人民币23元左右，如果按日本最低工资算的话，在麦当劳餐厅端半个小时盘子就可以换得这份便当。每个便当盒包含6种以上的食品，其中大部分都是天然有机食材，新鲜，口感极佳。

其次，每天只提供一种便当。玉子屋每天只提供一份菜单，但菜单内容每天更新，只有一种价格430日元的便当。玉子屋通常提前14天制定菜单，并在其官网及分发给客户的纸质菜单上公布。这样做的最大好处是：因为每天的菜品只有一种，可以最大批量购买同样的材料。利用这优势，玉子屋和供货商谈价的时候，底气就足了，可以压价，让销售价格降到市场最低水平，吸引消费者。

再次，配送效率高得惊人。玉子屋共拥有150辆配送车和200个配送司机，每个司机每天特定路线为沿途客户配送便当。通过长年积累的经验，玉子屋研究出了一种独特的配送方式，采用灵活机动的远、中、近分组送货。

如今，玉子屋已经从小小的夫妻店，变成了日本东京最大的便当生产商，日销13万份外卖，1年赚6亿日元。它靠什么成功？商业模式、配送体系，抑或是精细管理？可能是，但也不完全是。

在竞争激烈的餐饮外卖市场，要想活下来，除了要选对商业模式，建立高效能的配送体系，进行精细化管理，更要避免入坑（见图10–4）。

01 有钱任性，脑子一热就开店

02 只选人流量大的或最好的商圈位置

03 频繁换产品，什么流行做什么

04 聘用顶级厨师，打造极致产品

05 不重视顾客的评价

图 10–4　做外卖市场的五大坑

一是有钱任性，脑子一热就开店。

在餐饮行业，脑子一热就开店的人很多。结果，大多数不到半年就倒闭了。不进行科学规划，就盲目开店，这是第一个很大的坑。尤其是做外卖，一定要通过亲戚朋友请教专业人士，或者请教餐饮“老人”，弄清楚搞明白自己不熟悉的地方。然后进行科学合理的规划，从选址、菜品、消费群、厨师、配送、活动营销等方面进行整体的串联思考。

二是只选人流量大的或最好的商圈位置。

商圈位置人流量大不大一直是餐饮人考评值不值得入驻的重要标准。一级商圈抢着要，四级商圈没人问，这是很普遍的现象。不过自从外卖出现后，这个商圈位置的考量标准变得不适用了。因为外卖对于商圈人流有很大的要求，对于商圈的位置需求不强烈。而且偏一点的**商圈位置**整体房租成本低，所以3公里的外卖配送，让商家有更多的选择余地。盲目只选最多人的商圈位置，这是做外卖的第二大坑。

如果做堂食加外卖，选个好位置没有问题，如果是以外卖为主的店铺，可以考虑寄生方式，通过和别人堂食店进行空间合作，节省成本。

三是频繁换产品，什么流行做什么。

市面上流行鳗鱼饭，立马卖鳗鱼饭；市面上流行龙虾饭，立马上手龙虾饭……做着做着就成了大杂烩。什么都做，反而什么都做不好。适当增加品种没有错，因为顾客对菜品更新是有要求的。但更重要的是打造区域外卖品牌，增强顾客的品牌印象。“丛林法则”同样适用于外卖行业，对于菜品种类要根据销售情况优胜劣汰，逐渐淘汰用户不认可的菜品。

四是聘用顶级厨师，打造极致产品。

餐厅为了打造外卖品牌，在每个环节都苛求极致与完美，这无可厚非。如果餐厅规模一般，实力有限，却不惜高薪聘请一流的大厨，力求打造完美的产品，势必会投入不菲的成本，再加上配送环节的费用，外卖的成本也会水涨船高。再者，一份20元的套餐你能极致到什么程度？即使不计成本，出餐速度能跟得上吗？不少餐厅做外卖时，一味追求打造极致产品，结果因为单价过高，利润空间被压缩，又没有足够的销量保证，导致这部分业务几乎无利可图。所以，高薪聘请大厨，过分追求极致，对做外卖来说，也可能是一个隐形的坑。

五是不重视顾客的评价。

“差评就差评，这个顾客我不稀罕”，这是很多做外卖的商家的心理。其实，这反映的是做外卖商家老板对口碑营销的认知不够或者对顾客的不重视。外卖平台上或者微信平台上订餐的评论是给谁看的？是给其他顾客看的。对中差评不处理，是口碑营销的巨大败笔。在接触不到你门店的时候，店铺评论和图片是顾客对你门店了解的重要资料。可以说，做外卖做的是口碑，只有重视顾客的评价与用餐体验，并不断完善服务，才能把生意做得长久。

综上所述，做外卖处处是坑，稍不留意，就可能失足，再想翻身就很难了。因此，做餐饮外卖一定要全盘考虑，做好每一个细节。

用手机APP引爆线上流量

在移动互联网时代，随着手机智能化、生活移动化的普及，人们的生活方式正在悄悄改变。餐饮市场经历了B2B、B2C之后，又迎来了O2O的线上与线下相融合的消费模式，最典型的做法是通过创建自己的APP平台来实现。

餐饮APP是一种新兴的、时尚的和有效的信息接收和传递方式，对顾客的生活产生了重大影响。通过餐饮APP，顾客可以随时随地浏览餐厅网络页面，了解菜品信息，关注餐厅的最新优惠活动，还能够满足自己及时分享体验的精神需求；餐饮APP能够最大限度地帮助顾客节省时间和金钱，受到越来越多的顾客关注和应用；APP客户端是餐厅业务渠道的延伸，餐厅可以通过它展示菜品，推送优惠促销信息，查看顾客留言，开展类似评选“超级食客”的品牌创建活动，还可以与顾客进行直接沟通，为顾客提供个性化服务；通过APP客户端的宣传和顾客的分享传播，餐厅还可以节省很大一部分广告推广费用，可以说是一举两得的事情。

随着手机上网速度越来越快、支付方式更便捷等，餐饮APP越来越普及。而且，优秀的餐饮企业，不仅把APP当成一个展示窗口，更把它视为一种营销工具。

老王开了一家新派粤菜餐馆。餐馆地处繁华位置，大厨、设备、装饰一流，开业搞促销活动时一座难求。活动结束后，客流快速下降，许多顾客简单吃顿饭后就走了。老王左思右想，觉得有些可惜，不能培养更多的回头客，岂不是浪费人流量？浪费顾客？

经过仔细琢磨，他决定请人开发一个APP，利用互联网思维重新设计这个餐厅。很快，APP开发出来了。在APP中，除了有正常的点餐、付费等功能，还加上评论、游戏、社交、跨界合作等内容。他是这样理解的，首先，饭菜不应该只是饭菜，比如避风塘炒蟹这道菜，有什么故事、用什么原料，顾客只要一扫二维码就知晓了。

担心顾客等待上菜的时候会无聊，他还特意在APP中设计了直播功能，顾客只要打开手机，就能看到师傅正在炒什么菜。这样一来，餐厅也不再是餐厅，而是互动的场所了。上菜的碟子上有一个二维码，扫描二维码，就知道是哪个大厨做的。如果想进一步了解他的故事，可以加他的微信，或许还能约他到家里来做一顿美餐。如此，厨师也有更足的动力把菜做好，毕竟，在互联网时代口碑确实挺重要。

王老板转变传统的经营思路，利用APP把自己的餐厅打造成了一家名副其实的互联网餐厅，使其知名度暴升、客流暴增。这样的餐厅怎么会愁赚不到钱呢？

现在，大大小小的餐饮店都在想办法坐上互联网这趟快车，但是大家的经营思路与方法不一样。大凡成功的餐饮企业，都在使用APP营销策略（见图10-5），源源不断地将线下的新顾客推到线上，让他们成为APP的使用者，从而长久地留住顾客。所以，在实际运营过程中，要想玩转互联网，必须要先玩转APP。

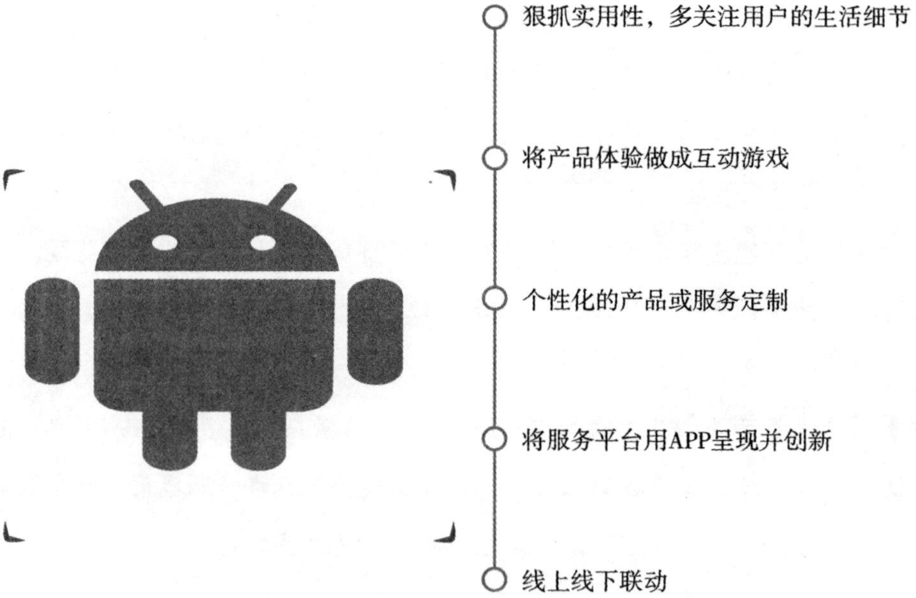

图10-5　APP营销策略

一是美食展示。

将餐厅的每一道菜展示到餐饮APP的美食展示栏目。餐厅制作好美味佳肴，然后使用像素高的相机拍下每一道经过精心烹饪的美食。经过后期微调修图，将色香味俱全的美食展示在餐饮APP上，让客人可以在等待上菜的时候阅览美食图片，打发无聊的等待时间和增强其对美食的期待。

二是预订预售。

预订的目的有二（见图10–6）：

可以节约顾客到店点菜时间，在顾客还未到店前即点好菜，最佳方式是付好款，到店即食

可以根据C2B预售的方式，提前收集顾客端的需求量，再采购，从而控制店面的采购量和销售量，减少损耗

图 10–6　预订的两大目的

三是点菜下单。

通过点菜，逐渐积累顾客使用数据，将顾客饮食信息以菜品维度相组织，为商家和顾客推荐近距离、被点频次高的菜品，形成精准营销；后续根据在线付款率、提前点菜率，为商家提供菜品采购参考，如此参与其食材供应链的环节。

四是在线支付。

APP就是一个移动收银台，顾客轻轻一点，可实现一键支付，满足了年轻人的支付习惯，提升了顾客体验。在支付方式上，可支持会员卡、银联卡、微信、支付宝等结账。

五是分享评论。

在餐饮APP上还可以进行详细的点评以及顾客互动。点评可以反馈给餐厅，餐饮企业能够根据客人的点评改善餐厅运营情况，提升自己的市场竞争力。另外，支持一键转发至微博、微信及其他社交平台，以提升APP内容传播量，扩大企业知名度。

以上五点，是餐饮APP必备的五个核心功能。除此之外，根据餐厅经营需要，还可以设置消费推送等功能。如果APP能带给顾客便利的同时，增加他们的用餐体验，那餐饮店就可以通过“线上引爆，线下体验”，锁定、留住更多的顾客。

私厨预约，吃什么由客户定

传统的就餐方式主要有三种：在家自己开火；去餐厅吃；叫外卖。如今，“吃货”们又多了一种选择——可以请专业的大厨上门做饭。是不是想想都很惬意？其实，在许多地方，这种消费方式已经实现了。民以食为天，如果你又“宅”又懒，还是个“吃货”，那么恭喜你，你可以“钦点”大厨上门做菜了。

尤其是节假日期间，通过网络平台预约私厨服务的用户越来越多。这些能上门服务的私厨可以提供丰富菜品，而且加以专业的厨艺，成为越来越多家庭节日宴请的选择。可见，预约厨师上门做菜、私人订制菜品模式，成为互联网餐饮的一个新的发展方向。

“爱大厨”成立于2013年，位于北京。由年轻人创办的爱大厨是国内厨师上门服务先行者，致力于打造专业、健康、便捷、定制、美味的厨师O2O服务平台。爱大厨LBS（基于位置的服务）定位搜索为用户提供预约厨师上门服务，服务覆盖北京、上海、广州、深圳等城市，以私人定制的方式让用户在家即可享受大厨烹饪的精美菜肴。爱大厨提供的菜式包括鲁、川、粤、闽、苏、浙、湘、徽八大菜系以及西餐西点。厨师上门前，顾客需要自备食材。爱大厨会展示每位厨师所擅长的菜系供顾客参考，具体菜品和口味由顾客根据自身需求和偏好跟厨师进行沟通而定。

爱大厨的厨师有的来自专业餐厅、酒店，有的是擅长做菜的业余爱好者。爱大厨会对厨师进行严格的身份审核和试菜考评。顾客可以通过电话，或是爱大厨APP，以及爱大厨微博和微信进行预约，同时也可以在网上完成在线支付。

在北、上、广、深这样快节奏的城市，爱大厨的这种经营方式，在帮助顾客追求高品质生活的同时，又能为顾客节约时间，还能让顾客享受到美味与健康。所以，爱大厨很快成为白领阶层私厨订制的不二选择。

对许多餐饮企业来说，“互联网+上门服务”仍是新生事物，在把控服务质量时，要从三个环节做起。

一是订制上门服务。

顾客只需通过手机下单，选择自己想要的菜品，公司就可以安排厨师上门服务。平台在收到订单后，会有专人将订单信息发送到相关厨师的手机上，看哪位厨师愿意接单。如果有多人愿意接，就挑选手艺与服务最好的。如果实在没有合适的人选，也要及时把信息反馈给顾客。一般来说，只要公司网站或是APP没有特别注明，顾客的下单，都应安排相应的厨师接单。

二是在线视频教学。

如果顾客只是想学某一道菜，而不想把厨师请到家里，可以预约相关的教学服务。餐饮企业可以根据顾客的要求，安排相应的人员，提供在线教学服务。如，某位家庭主妇在家请客，想做八菜一汤，但不知怎么做食材搭配。此时，就可以让顾客通过餐饮企业的APP或是微信公众号下单，注备相关的要求。餐饮企业再有针对性地安排厨师进行在线教学，相当于手把手教人做菜。

三是全程安全与卫生监控。

厨师上门服务，顾客比较担心的就是安全与卫生问题，如何保障服务的安全与卫生？这需要餐饮企业做好厨师上门服务的安全与卫生监控（见图10-7）。

资质保障

对厨师进行个人信息备案及背景调查；
对厨师进行各种考评，合格且通过培训者才能上岗

健康保障

企业要求厨师提供健康证明，要求厨师统一着装上门，做好个人卫生

监督工作

对厨师上门服务的各个环节进行全程录像并保存，以便发生问题后进行调查

图 10-7 厨师上门服务的安全与卫生监控的三大内容

网约厨师将是未来互联网餐饮的发展趋势，也是餐饮市场一块很大的蛋糕。餐饮企业要想抢得先机，必须从技术、人员、管理等方面保证顾客可以足不出户，就能享受一桌丰盛的美食。当然，这不只是一个简单的APP就能实现的，更多的是需要“互联网+餐饮”的运营实践与管理思维相结合。

运营策划

通过微信玩转10万个会员

有一家时尚快餐厅，只有100多平方米，30多个座位，10位员工，却有10万个会员！这家餐厅是怎么做到的？老板说，这全靠一部手机：所有到过这家店的顾客都可以添加老板的微信。

不是说，加了就没有事了，餐厅还成立了客服组，3个人管理10台PAD（平板电脑），为的是及时收集顾客意见信息，与其更好地进行深度沟通。比如，有一次老板为店歌的事苦恼，于是他在朋友圈广征意见，后来，方案如雪片飞来。现在，他的餐厅不仅店歌是顾客挑选的，而且连很多菜名都是顾客起的。这样一家能让自己出谋划策的餐厅，顾客有什么理由不再光临？

现在，很多餐厅都玩起了微信营销，但许多时候大家的玩法雷同，没有什么新意，顾客见多了便会麻木。所以，在策划类似的微信营销活动时，要以“奇”制胜。如下面几点值得参考：

一是微信红包不乱发。

发放微信红包，要抓住三个要点（见图10-8）：

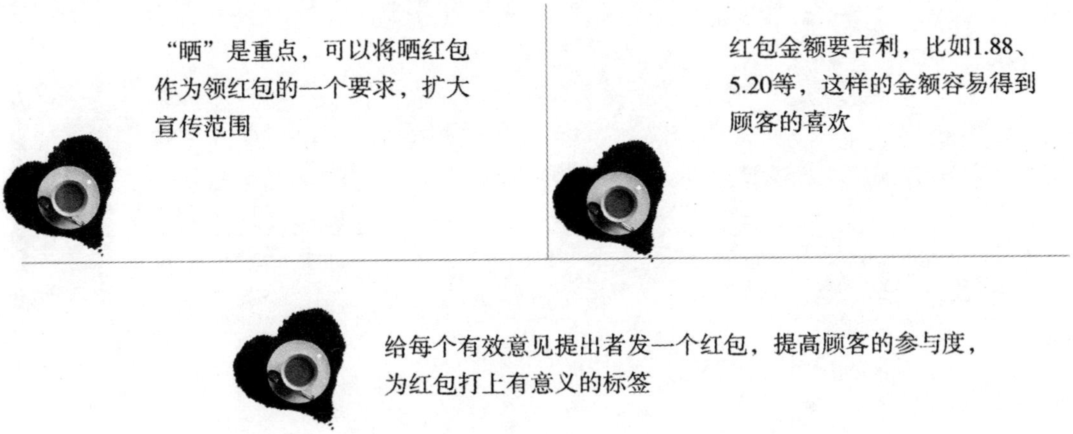

图 10-8　发微信红包的三大要点

二是不做订阅号，只做微信互动群。

如果没有什么特别新奇的内容，一般看订阅号的人很少。不如餐厅成立多个微信群，并且每张餐桌都有入群的二维码，旁边加上说明：“这里没有广告，没有推送，只有我们对美食、服务的理解与探索。”这样亲切的一句话，会拉近餐厅和顾客之间的距离，显得很有人情味。

三是变着花样激活“僵尸粉”。

（1）提供痛点级的服务。微信不只是用来支付，你也可通过微信告诉顾客：会员卡里还有多少余额，以及查询消费记录，或者告诉顾客：前面还有多少人排队，还要等多长时间。

（2）48天内“回访”。在餐饮业有这么一个规律：若顾客是第一次成为餐厅的会员，若下一次再来光临，48天之内的比例非常高。所以，每一天都要把符合条件的会员筛选出来，发一个微信给他，告诉他在他的卡里发了一个优惠券。

（3）提升会员的参与感。可以与一些媒体合作，搞一些秒杀活动，如每天推出一些菜品进行秒杀，也就是花1块钱买一道几十块的菜这样的活动。这样，老顾客回头的概率会非常高。

第十一章

CHAPTER 11

品牌运营：品牌不是营销，而是自传播

如何让顾客愿意为你的产品与服务买单？这需要你打磨精品，强化服务，通过各种手段营造良好的氛围，让顾客知道你是谁、你的餐厅怎么样、餐厅的菜品怎么样。而让顾客知道的这个过程，就需要餐饮人懂得品牌运营。做品牌运营，必须针对目标消费群体，采取攻心策略，并内外如一，提供优质的产品、服务，以满足顾客的需求。

行业不行？明明是你牌子太烂

品牌是什么？很多餐饮企业认为品牌是形象、是产品，甚至有的人认为品牌就是装潢。那到底什么是品牌呢？品牌是一种附加在产品或服务上，后归属于产品名称或服务名称之上的综合特征，其目的是借以辨认某个销售者或某群销售者的产品或服务，并使之与同行的产品或服务区别开来，使消费者乐意并持续使用你的产品或享受你的服务。

对餐饮企业来说，品牌根本的内涵是反映企业核心竞争力的“身份证”。这种竞争力不但体现在质量、服务、设计等有形的物质上，还体现在心理、情绪等无形之处，能使顾客对此“深信不疑”“情有独钟”的感情认同。一个品牌的价值越高，说明消费者在感情上对其品牌越依赖、越认同。

因此，要做好品牌运营，必须针对目标消费群体，采取攻心策略，并内外如一，提供优质的产品、服务，以满足消费者日益增长的需求。

“雕爷牛腩”是一家“轻奢餐”餐厅，名字听着就挺特别。从开业之初，生意一直非常火爆，而且名气越来越响。现在，许多人都会慕名而来，为一饱口福甚至不惜排很长时间的队。雕爷牛腩创办者叫孟醒，人称“雕爷”，他并非做餐饮的专业人士，开办这家餐厅，被认为是一次高风险的商业冒险。但是，雕爷运用互联网的玩法，把它做成了一个餐饮品牌。那么，雕爷牛腩是如何塑造品牌的呢？

首先，在菜品方面，雕爷追求简洁，只供应12道菜，追求极致精神；其次，在网络营销方面，注重通过微博引流，同时用微信做CRM（客户关系管理）；再次，在粉丝文化方面，雕爷形成了自己的粉丝文化，越有人骂，“死忠粉”就越坚强。另外，在产品改进方面，配有专门团队每天舆情监测，针对问题持续进行优化和改进。

雕爷运用互联网思维做品牌的策略获得了成功，而且把用户体验做到了极致。在互联网时代，餐饮竞争越来越激烈，市场容量却有限，生意一年比一年难做，大鱼吃小鱼的故事每天都在上演，如何更好地保护自己，如何赢得更多的顾客，必须走品牌建设之路。对一般的餐饮企业而言，如何打造自己的品牌呢？

一是品牌传播：让顾客了解你的形象。

如今，酒香也怕巷子深。市场竞争中需要的是富有个性的张扬。要建立品牌，首先要包装自我，再针对目标客户群迅速传播。从餐饮企业目前的品牌传播渠道来看，主要存在几点不足：传播渠道单一；传播方式比较含蓄；缺乏品牌所需要的张扬与个性的结合。

根据品牌建设的PDCA循环（又叫戴明循环，P是指计划，D是指执行，C是指检查，A是指效果）的要求，餐饮企业应加大品牌传播的力度。为此，可以采用整合营销的传播策略，全面充分地调动一切积极与有利的因素来传播餐饮企业餐饮品牌，包括媒体宣传、公关活动、促销、直销、终端管理、商品陈列、售点广告、包装等形象的一致和延伸。餐饮企业品牌传播主要有五大方式（见图11-1），借此不断传播餐饮企业的名声及理念。

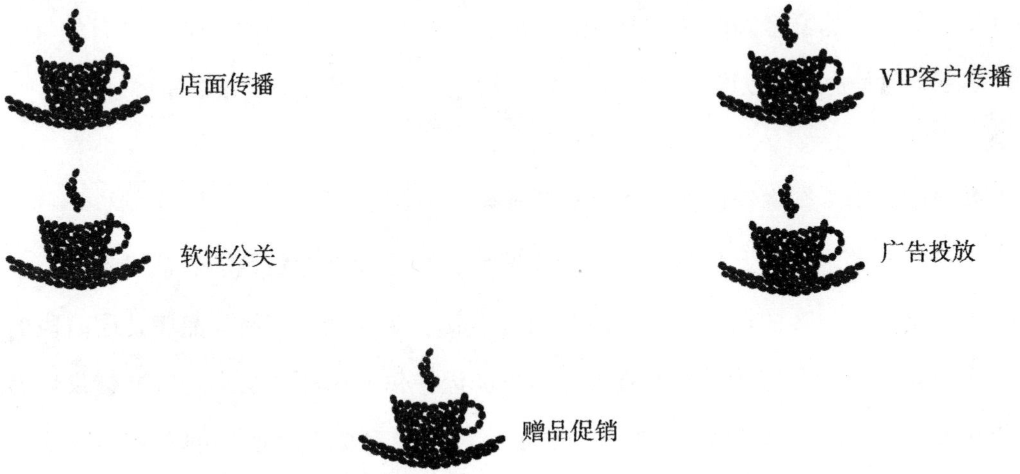

图 11-1 餐饮企业品牌传播的五大方式

二是品牌认知：让顾客熟悉你的优点。

如果不求效果地传播，那么换来的只是高成本的活动。品牌认知是基于品牌传播的基础上，对餐饮企业的深入了解。在这方面，餐饮企业需要在短时间内让顾客熟悉自己的核心能力，以及品牌的内涵。

品牌传播只是一种方式，是让目标顾客群初步了解餐饮企业的途径，而能否让顾客达到认知，还必须有针对性地了解品牌传播的效果，更大程度地把握顾客的需求。餐饮企业建立品牌传播的渠道后，必须注重之后的管理，例如针对性地开展调查，在每个品牌传播方式实施过程中、实施后发放顾客满意度调查等表格，了解餐饮企业的品牌传播是否与顾客需求达成一致，以便改进品牌传播的方式和内容，明确顾客的需求。

三是品牌实践：让顾客拥有良好的体验。

品牌建设的核心内容就是品牌实践，通过直接的方式，如菜品、服务等传递品牌内涵，让顾客感知富有特色的菜品、服务等方面后，增加对品牌内涵的记忆。因此，在此阶段一定要注重以品牌主要内涵为核心，例如以菜品创新、美味、新奇等为基调，让顾客在吃、喝的过程中，领略用餐环境、氛围、服务带给他们的舒适、怡人、周到的享受。

品牌传播不应该是无中生有。餐饮企业要结合品牌传播的内容、理念，研制特色菜，举办让顾客尝试的主题筵席如餐饮企业美食节等，也可按节日性的要求，策划主题企划案，让定位的顾客如白领人士、企业老板、家庭成员等在感受浓郁的节日气氛的同时，享受特色美食。可以说，让顾客亲身经历、亲身感受是品牌建设的重要过程。

四是品牌认同：客户管理，让顾客不再孤单。

品牌认同是顾客经历品牌认知、品牌实践后，对餐饮企业特色的高认可程度。一旦这个阶段能获得顾客的认同，那么品牌的传播就会变得较为容易。品牌认同阶段的主要工作内容，是采取感情投资的方式，尽可能记住每一位顾客的喜好，并提供体贴的后续服务，提升顾客对品牌的忠诚度。比如，对一些重要的顾客，可以进行VIP式管理，方法是：定期向其推送美食信息、优惠信息等；节日或顾客过生日时送上贴心的祝福；了解其口味、喜好，并提供个性化的服务等。这样的客户管理，会极大地提升顾客的品牌忠诚度。

综上所述，品牌的建立不可能一蹴而就，需要进行有目的、分阶段、针对性的客户管理和品牌管理。

要做大品牌，先要做好模式

现在已经不是靠两把菜刀就能闯天下的时代了！经历了一段时间互联网餐饮的疯狂发展，如今的餐饮业呈现出“僧多粥少”的高密度趋势，逐步进入了行业洗牌阶段。如果不想被淘汰，餐饮企业必须改变一些传统的经营模式——模式没有最好的标准，只有最合适的选择，合适的选择可以快速成就餐饮品牌。

时下，生意最火的应该就是明星餐厅和网红餐厅，它们往往是开店的初期生意爆火，食客慕名而来，经常要排好久的队。其实，吃过之后，你会觉得味道也不过如此。那为什么生意还如此火呢？

除了明星、网红效应外，主要是品牌宣传做得比较到位，这是许多传统餐饮企业要学习的地方。但是，为什么许多明星餐厅又在短时间内倒闭了呢？因为这些餐厅只是蹭一时的热度赚取利润，缺乏成熟的经营模式。

在餐饮业有一个风气，那就是什么流行大家就干什么，喜欢跟风模仿。2014年的烤鱼、2015年的蒸汽海鲜、2016年的小龙虾……人们永远不知道明年又要流行什么了。前几年流行小板凳火锅，于是很多火锅店坐具都变成了小凳子；这两年流行融合餐厅、音乐餐厅，于是各种形式的音乐餐厅扎堆大街小巷。

当餐饮界刮起音乐之风时，好多人都不失时机地开起了音乐餐厅，凭借时尚的装修、特色的菜品、周到的服务、浪漫的环境吸引了不少青年消费者的青睐。但是好景不长，短短半年时间，好几家音乐餐厅关门大吉。在这波餐饮浪潮中，时尚餐饮黑马“胡桃里”却成功逆袭，靠创新商业模式，2年开了160家店。胡桃里以“音乐+美食、美酒、艺术”的跨界模式，创新地提出了“15小时的艺术生活”，让消费者体味“从晚餐就开始的夜生活”。运营核心在于如何利用传统就餐的空间成为音乐产业的线下场景，而不是单纯地吸纳更多的人来吃饭。在传统餐饮的红海里，胡桃里以“音乐+”的核心优势，融合美食、文艺等于一体，将“从晚餐就开始的夜生活”理念植入人心，引领创新餐饮潮流。

可以说，胡桃里的成功，在于它专心做音乐餐厅，开创的不仅是音乐酒馆这个品类，而是一片文艺梦想的蓝海，更是一种新的生活方式！为了把生意做好，几乎所有的餐饮老板都在到处寻求有创意、有特色、能引起顾客全新体验的商业模式，并尝试“嫁接”到自己的企业，希望在这个餐饮颠覆的时代走上新的发展道路。不同的企业，需要不同的模式，在信息时代，餐饮企业如何根据自己的资源和优势选择适合自己企业的商业模式呢？可借鉴互联网环境下成熟的四大商业模式（见图11–2）。

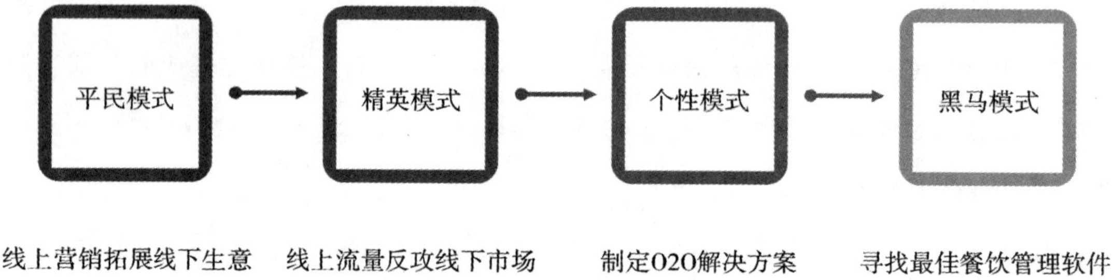

图 11–2　互联网环境下四大商业模式

一是平民模式：线上营销拓展线下生意。

这种模式很简单，即把O2O一下子拉到老百姓可以理解的层面上。就像我们每天都在用各种社交通信软件发图片发文字一样，今天很多的餐饮企业都知道建立一个微信公众号，然后通过公众号向粉丝传递品牌、产品、优惠等各种信息，以此来吸引顾客消费。也就是，把营销过程中线下的一些行为模式转到线上，这就是所谓的“互联网+餐饮”中的平民模式。

举个例子说，“外婆家”餐厅创建了自己的微信公众号，消费者添加了微信公众号后，除了接受外婆家传递的美食信息，还能通过此公众号直接点菜、订座。把原来一个到店才能完成的行为转化到了线上，更有效地利用了时间，提高了效率。但是，这种用于营销目的的O2O和餐饮主流的收银管理系统还不能对接上，只能算是一个辅助手段。

二是精英模式：线上流量反攻线下市场。

互联网企业往往试图用这种方式去圈住线下市场。他们以平台流量的优势，跟传统餐饮老板说：我能给你带来客户流量，以此和餐饮商户联合玩转餐饮市场。团购就属于这种模式。而现在团购之风刮过之后，餐饮商户变得越来越理性。所以，采用这种模式，首先你得有足够吸引人的流量；其次，要有足够低的折扣。“淘点点”是个很典型的例子，它依托其巨大流量的优势，冲入餐饮O2O这个市场，以低折扣为诱饵引导用户装上APP，然后选择餐馆点菜下单。但是商户意识到这样带来的顾客并非真正的优质顾客，所以淘点点把方向转向外卖市场，因为这是离店消费，可以为商户带来额外的订单。

三是个性模式：制定 O2O 解决方案。

在餐饮信息方面已经有10多年经验的大众点评网，除了采用平台流量模式，把商户展示、团购、预订、外卖等服务作为打包方案，吸引商户参与外，还试着跟某些餐饮大鳄进行数据的深度对接，更好地服务商户端和用户端。大众点评和淘点点不同的地方在于，其深厚的餐饮行业的积淀，更能平衡好商户和用户两端的利益。

四是黑马模式：寻找最佳餐饮管理软件。

如今，没有哪一家互联网公司能独占餐饮O2O的市场，但是所有餐饮人都明白一个道理：只有让餐馆、平台、用户三者全部获利，才有可能攻克这个市场。互联网公司拥有后两者，而餐馆（餐饮商户）却是他们的软肋。所以，许多餐饮企业，或是一些互联网公司都想从重要的管理软件入手，来分餐饮市场的一杯羹。其实，互联网公司的优势在圈用户上，比如在用户体验、用户营销手段上，它们都有无可否认的优势。但它们又靠什么来获得餐饮商户的青睐呢？餐饮管理软件领域是一个需要多年沉淀的领域，并不是追求高速发展的互联网公司一朝一夕间就能获得市场认可的。

当然，随着互联网的快速发展，未来还会有更多餐饮模式诞生，且能让我们拨开一层层的迷雾，看到一个商户和用户能够有效沟通、线上和线下能够无缝对接的真正的O2O市场。

品牌的热度要让人感觉得到

能带来人气的餐厅，多少都是有一点名气的。这些餐厅也是一些商场、超市、美食广场竞相争夺的合作方。这类似于蝴蝶效应：你有了品牌，便会有更高的人气，便会得到顾客与招商企业的青睐，便会有更高的利润……

可见，品牌是餐饮企业的财神爷。在所有塑造餐饮品牌的因素中，用户体验是最重要的一项。为什么？因为一提某个知名品牌的餐饮店，顾客首先会回想起在那里用餐时的心情、环境等。所以，现在越来越多餐饮企业开始重视体验营销（见图11–3）。

餐饭店通过让顾客观摩、聆听、尝试等方式，体验菜品和服务的品质或性能，促使顾客认知、喜好并购买。

图 11-3　餐饮企业体验营销的定义

生意持续火爆的中山“石岐佬”，将体验经营渗透到骨子里。有业内同行评价：中山石岐佬是“中国最早做体验营销、氛围营销的餐饮店”。这家店是怎么做的呢？（见图11-4）

01 餐厅过道就像杂货铺，吃的、用的、玩的，全都有，有种赶集的感觉

02 眼睛能看到做饭的热闹场景；鼻子能闻到香气扑鼻的味道；耳朵能听到制作的声音

03 摆台一眼望去就像农村集市摆地摊一样，十分接地气

04 顾客能看到的，都是可以买走的，既是商品，又是装饰

05 专注做信任营销，海鲜现场宰杀

06 把菜单做小再做小，节省点菜时间

图 11-4　中山石岐佬体验经营的具体做法

好多顾客消费后，都会给出很高的评价：中山石岐佬真是名不虚传，用餐体验好

极了，甚至有不少人驱车数十里，专门来吃。

用户体验取决于经营特色。与任何服务一样，在模式竞争之外，用户体验非常关键。尤其是一些特色体验，一定要与众不同，有独到性。比如，你开火锅店，既要做出呷哺的特色，也要有小肥羊的味道，还要有东来顺的服务、海底捞的惊喜。大家都知道，呷哺对年轻人很有吸引力；小肥羊可能对家庭或朋友聚会有吸引力；东来顺可能对招待来京的朋友是一种美好体验。这样做到最后，你只会把火锅店做成四不像，用户体验不到你火锅店的特色。

所以，即使是提供同类饮食，每个餐饮品牌也要做出独特体验。那么，如何才能在众多品牌中做到与众不同呢？要在以下几个方面花些心思：

一是饮食口味。

口味是用户体验的基础，也是餐饮品牌的基本载体。可以说，没有好的口味，即使服务很好，也很难赢得顾客的好感。比如，在食物口味方面，俏江南的菜式比普通连锁快餐厅更注重食物的口味正宗，菜肴在味道上相对更胜一筹。这就要求厨师的刀功、选料功夫及厨艺更加精湛，以增加食物味觉上的享受。

二是环境体验。

近十几年，随着餐饮市场消费升级，消费者越来越重视用餐体验，尤其是环境体验，比如餐厅用餐氛围、装修情况、场地布置等。这些环境因素往往也左右了一些顾客的选择，如果几家店的服务、菜品价格与菜品质量相差无几，那顾客往往会选择环境更幽雅、格调更高的餐厅。

三是顾客服务。

对于餐饮业而言，通常理解的服务有端茶上菜就可以了。其实不然，现在顾客对服务的要求在提高，服务员的一举一动决定了下一次顾客是否还会光顾。一些知名的餐厅都特别强调全员服务意识，让包括后厨、保洁、行政、后勤等部门的所有人员，都有以顾客为中心的基本意识，让每一位顾客都可以享受到专业、贴心的服务。比如，海底捞通过“创造超出顾客期望”的服务来获取竞争优势，就是很好的服务营销。

四是文化体验。

文化体验才是品牌源源不断传播的核心元素，餐饮品牌的竞争最终是文化的竞争。大多数品牌餐饮企业的成功，都是源于文化和美食的完美结合。如果一家餐饮企业在文化传播上颇下功夫，顾客在享受美食的同时，一定能体验到某种饮食文化。比如，某知名的川菜馆非常注重顾客的文化体验：采用西方餐厅的布局、室内设计，配合中式的工艺摆设，及中国四川特色的麻辣、怪味、红油、鱼香的菜式，将四川的风味融合于中西方文化的环境中。具有中国色彩的川菜，配合西式高雅的用餐环境，这本身就是一种独特的融合中西方文化的川菜体验。

用户体验的每个方面并不是孤立的，它们协同品牌运营与顾客营销战略的系统运行。它覆盖顾客消费前、消费中、消费后的三角场景，即体验的“三验法则”：待验型、在验型和验讫型。所以，追求注重用户体验，不只要在吃喝上做文章，还要用心去感受顾客来消费的真实目的。

做连锁王国，招牌得先擦亮了

俗话说：“好的开始是成功的一半。”选对路子，就相当于成功了一半，可为什么还是有那么多的餐厅死在了摇篮里？

要让自家产品一开始就从品牌战国中脱颖而出，成为顾客的不二选择，不是想做就能做到的。纵观近些年一些成功的餐饮连锁企业，他们大多数在成名之前，门店数量不会超过10家，甚至只有1家，或是根本没有店面。等把品牌做起来，然后再融资，疯狂开店。如此，品牌迅速在全国打响。这是品牌连锁经营惯用的一个套路。

对于品牌拥有者而言，如果你觉得自己的品牌具备开100家，甚至1000家店的潜力，那一定要未雨绸缪，学会在连锁经营中开拓出一片新的天地。

必胜客欢乐餐厅连锁加盟门店在中国超过1000家，分布在上百个城市。可以说，必胜客获得了很大的成功。必胜客初进中国市场时，面对着肯德基、麦当劳两大快餐巨头，他们都属于快餐类市场，而必胜客的主打产品比萨在国外也只属于中低消费的食品，究竟选择怎么样的人群作为必胜客的主力消费人群呢？

必胜客规避了肯德基、麦当劳的主力消费人群——儿童及年轻消费人群，把目标瞄准了中青年白领这一具有很强购买力的消费人群。这样的定位，让必胜客避开了与肯德基、麦当劳的正面竞争，也将自己的品牌提升到一个“开心聚会，分享快乐”的高级版本，直接和其他快餐品牌区分开来，成为一种小资生活的聚会场所，开创了属于自己的一片蓝海。

在确定以中青年白领为目标消费群后，必胜客从就餐环境、菜品等方面很好地满足了这一群体的消费需求，主要表现在：

就餐氛围上，与肯德基、麦当劳显得有些喧闹的环境相比，必胜客的环境更加安静、舒适，悦目的装潢、舒适的设计、柔和温馨的灯光、舒缓的音乐、训练有素的服务人员等，都让顾客有不一样的就餐体验。

菜品上，比萨、意大利面、新鲜的自助沙拉等菜品，通过精致的容器包装，不但满足了顾客的口味，更为就餐增添了情趣，这也很好地满足了白领人群的小资情调。

正是通过对品牌的差异化定位，以及围绕目标消费群而提供的针对性服务，让必胜客从竞争激烈的餐饮市场脱颖而出，最终成为全球最大的比萨餐饮加盟企业。

从必胜客成功打入中国市场并取得如此大的成就来看，就是因为它在自身的定位和风险的规避，以及服务的质量上做到了够全、够好、够优质。

如今，像必胜客这样成功的餐饮连锁店有很多，真功夫、湘鄂情、小肥羊等都已成为餐饮连锁行业的领头企业。对于经营小餐饮、小门店的餐饮人，怎么才能做硬品牌，把一家店变成几家店，甚至进行连锁经营呢？有以下几个思路值得参考：

一是快餐正餐化，正餐快餐化。

连锁快餐品牌真功夫进行了一番品牌升级，其最终目的就是让自己从快餐渐渐走向“正餐”。快餐走向正餐，变的是什么？归根结底是“体验”。比如美国快餐界的新贵Shake Shack，其直线上升的江湖地位连肯德基、麦当劳都感到害怕，为什么？就因为相比美式传统快餐，它的体验感更出色。

消费者无须站着点单，汉堡现点现做，牛肉的品质更佳，口味更棒，尽管7分钟的上菜速度无法与麦当劳的1分30秒比，但大部分消费者还是愿意为了更美味的食物，多付出这5分30秒。表面看上去是快餐变慢了，本质却是为快餐赋予了正餐的体验感，如此一来，差异化优势凸显。

说到正餐快餐化，第一个想到的就是呷哺。火锅毫无疑问是正餐，但通过面积、座位、服务模式等改变，让消费者知道：原来火锅也可以更快、更轻。

二是餐饮 + 零售 = 轻餐饮。

看到这里有人会想，在这方面最有名的案例一定是麦当劳了。麦当劳是餐饮行业的吗？当然是了！但我们知道，餐饮行业是服务行业的细分之一，然而在麦当劳有服务吗？点单？不好意思您自己排队；取餐？不好意思，您请接着排队哦；然后还会从素质层面，潜移默化地让您自己倒垃圾……

平时，在麦当劳餐厅即使人都坐满了，收银台还在不停地收银，它完全突破了面积上的限制。为什么能做到这一点？因为它同时突破了餐饮必须“现场烹饪”的限制，所以客人来了，点单，取餐，即使不坐下来，也可以轻松带走。

就像我们去买一件衣服、一部手机，装在袋子里，直接拿走。所以，当你走进麦当劳，其实就等于走进了一家名为“麦当劳”的汉堡零售专卖店。用一句话来形容这种模式，就是它让餐饮变“轻”了，即所谓的“轻餐饮”（见图11-5）。

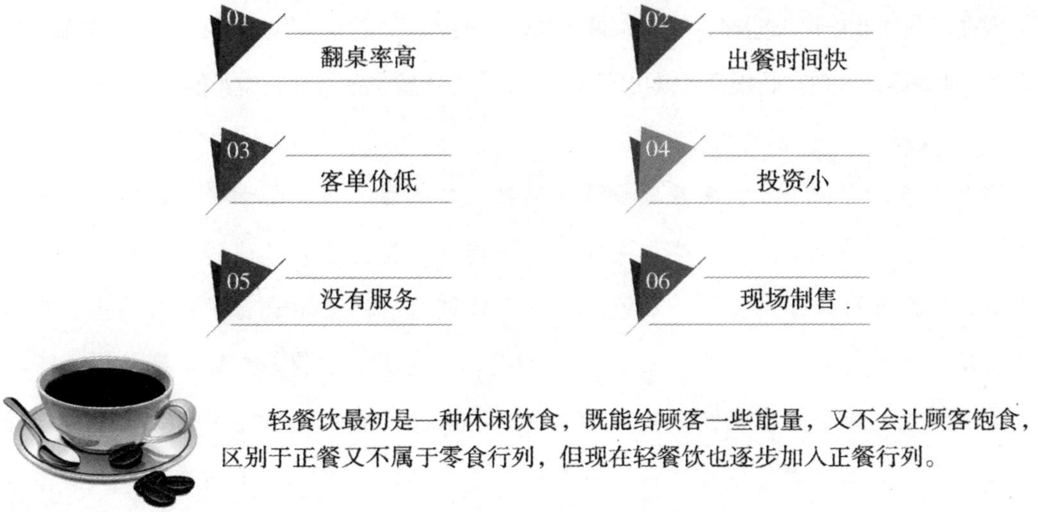

图 11-5 轻餐饮的六大特点与定义

三是细分领域，专注小品类。

我们所说的细分领域，是先选定一个“大部分人都好这一口”的大领域，然后从中再选择一个小品类。比如九鼎轩脆毛肚火锅、乐凯撒榴莲比萨。所以在做连锁前，先来思考一个问题：目前正在经营的品类是哪个大领域？能不能剥离出一个小分类？这个小分类的市场空间有多大？你有能力在这个小空间里当老大吗？在大领域中找小分类，就好比找赛道，若一直在错误的赛道上狂奔，即使你拥有火箭的速度，到最后也只能是一场空。

作为一个在现代化餐饮行业打拼的餐饮人，应当懂得如何在一个合适的阶段，找对一个或多个合适的投资人。当然前提是，你得先修炼好内、外功，让自己的品牌变得值钱！品牌不值钱，什么定位、策略、布局、管理都是空谈。

加盟不是抱“大腿”，一纸合约不乱签

绝大多数人选择加盟的逻辑很简单：我看到他的店里生意非常好，所以也想加盟一个，这样的店盈利方面肯定也差不了。

现在，餐饮业连锁加盟经营模式正处于高速发展阶段，机会与风险并存——大家都想又快又简单地赚钱，可现实是投资者既可能从中发掘出令人惊喜的金矿，也可能会掉进陷阱。

初冬季节，大街小巷的每家火锅店生意都异常火爆。老李心动了：米粉店改做小火锅。经过一段时间学习、考察，一家小火锅连锁加盟企业入了他的法眼。很快，他就交了几万元加盟费，购置了一套设备，而且还按总店的要求进行了重行装修。本想把店也开得红红火火，但事与愿违，开业3个月，月月赔钱，房租都赚不回来。老李坐不住了，便想把店面转出去，去做别的生意。结果，没有人愿意接手，自己只能苦苦撑着找机会。他多次找总店，得到的答复是：不要急，心急吃不了热豆腐，只要用心经营，一切会慢慢好起来的。

后来，老李终于琢磨清楚了：生意淡主要是因为菜品没有卖点。他的餐馆边上就有两家火锅店，一个说自己是正宗重庆火锅，一个说自己是地道的四川火锅，老李只说自己是“麻辣小火锅”，没名没分，顾客不买账。在价格方面，他也没有优势。所以，一般顾客想吃火锅，很少会考虑他的店。另外，服务也跟不上，店里只有老李和3个员工，员工还经常上错菜……

选择餐饮加盟的人都渴望抱上一条足够粗壮的“大腿”，但是因为缺乏对总部资质的了解，以及对市场的研究，许多人因此误上“贼船”，最终导致经营失败。曾经风靡整个亚洲并在中国大举扩张600家门店的韩系咖啡品牌“咖啡陪你”，在短短3年内就在中国走上了末路，从而也有了加盟商拉横幅“咖啡陪你还我血汗钱”的闹剧，就是一个很典型的例子。

加盟有风险，餐饮加盟风险更大，怎样才能规避可能的风险呢？除了走好特许经营加盟流程（见图11–6），还要签好一纸合约。

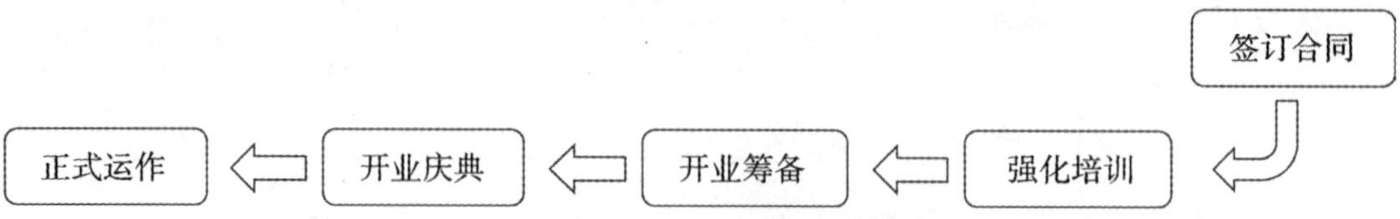

图 11–6　特许经营加盟流程

一是确认特许人的主体资格。

在签约之前要确认特许人是否为企业，如果是企业以外的其他单位或个人，加盟商可随时要求终止合作，并有权向商务主管部门投诉举报此违法事实。另外，加盟商应当详细了解总部的特许经营资源是否真实、是否有瑕疵，比如商标是否注册、是否系国外品牌等。

二是确认“两店一年”的资质。

根据法律规定，特许人从事特许经营活动要满足“拥有至少2个直营店，并且经营时间超过1年”的条件，特许人不具备“两店一年”的条件不导致合同无效，但意味着特许人可能缺乏提供成熟经营管理模式的能力，无法向加盟商提供成熟的经营模式、产品质量保证、相关培训以及企业宣传推广等，不利于加盟店后续经营中从总部获得各项支持。

三是确认选址及授权地域范围。

在选择店铺地址时，最好事先和特许人做好充分沟通和确认，一方面作为总部的特许人一般在选址方面更有经验，另一方面由于涉及品牌定位和统一规划管理等问题，特许人对被特许人的加盟店店铺地址也有一定要求。因此，在确定店铺地址时应做好充分沟通。

另外，加盟方式一般分为单店加盟和区域加盟。如果是单店加盟，加盟商只能在特许范围内开一个店。如果是区域加盟，加盟商可在许可区域内开店，不限于一个，双方可约定开店的数量。

四是明确特许经营合同的期限。

被特许人应当注意特许经营合同的期限（即授权经营的期限）不能过短，因为投资经营从收回成本到盈利通常需要一定的时间和周期。如果授权经营期限过短，那么期限届满后是否能够继续加盟合作，继续合作的条件是否会变化都存在不确定性，因此为保障合理的经营和投资周期，合同期限一般在3年以上，特许经营管理条例也规定合同约定的特许经营期限应当不少于3年，除非被特许人同意。

五是明确收费项目及计算方式。

加盟费是加盟商向总部支付的一次性授权费用。加盟费的金额一般取决于品牌的知名度、市场欢迎度、双方的认可度、合作期限长短等因素。此外，有些企业用设备购置费等其他名目代替加盟费。对于此情形，加盟商应注意了解该产品或服务的市场价格，以免上当受骗。另外，可能还会有其他一些费用：培训费、市场推广及广告费、设备费、原料费、店铺设计及施工费等，这些费用如果有，一定要在合同中做好清晰的约定，以防止特许人乱收费。

餐饮加盟模式越来越受到创业者的青睐，懂得顺势而为的创业者无疑是借东风，走上了一条赚钱的捷径。一份权责清晰的加盟协议无疑是规避风险的有力保障，当然加盟还会涉及更多细枝末节的问题，最好有专业律师的把关和指导，方能在创富的路上走得稳。

运营策划

做品牌运营，关键要吃透这几招

星巴克这个全球最大的咖啡连锁店，是进入中国餐饮业近20年的品牌。大家眼中的它又是什么样子的呢？似乎是永远不变的“STAR BUCKS COFFEE”招牌，永远让人迷恋的双尾美人鱼标志，永远人头攒动一席难求……

“星巴克”这个名字来自美国作家麦尔维尔的小说《白鲸》中一位处事极其冷静、极具性格魅力的大副（指职位仅低于船长的船舶驾驶员），他的嗜好就是喝咖啡。此小说主要是受过良好教育、有较高文化品位的人士才会去读，没有一定文化教养的人是不可能去读的，更不要说去了解星巴克这个人物了。

从星巴克这一品牌名称，就可以清晰地判断其目标市场的定位：不是普通的大众，而是一群注重享受、休闲，崇尚知识尊重本位，富有小资情调的城市白领。

除此之外，店面所用的陈列柜、照明色系等，给人的感觉是既温馨又舒服。除了装饰上丰富多彩的视觉享受外，浓郁咖啡香味的嗅觉享受、美妙音乐的听觉享受都是不变的经典。

在世界各地，不论你走进哪家星巴克店，星巴克都会给你呈现这样的品牌形象。

像星巴克这样成功的餐饮企业，会在顾客心中树立起长久的品牌形象。提到星巴克，脑海中会潜意识地浮现出相应的场景。要想让自己的餐饮品牌也产生这样的效果，在做品牌运营时，除了要突出企业自身的特点，一定要紧紧抓住影响品牌的几个关键环节。可以说，这些环节直接决定了品牌的生与死。

一是高格调的名字。

一个毫无个性的餐厅名字会导致你迅速被淹没，比如胜利餐馆、迎宾酒店、好再来餐厅等，听上去就没有去消费的冲动。近几年“杀”出来的互联网餐饮品牌，都是名字占了大便宜。但名字并不能随便乱起，店名和餐厅风格要保持一致，明明叫“大娘家常菜”，进去却是小资装修风，这就尴尬了。同时，也不要起那种与餐饮业八竿子打不着的名字，比如“小松鼠面馆”，什么意思？会让顾客看不懂的。

二是拿得出手的照片。

宣传美食的文案，最大的特点就是各种令人看了就流口水的照片，文字只是起到了引导顾客阅读的作用。当顾客看到美食照片胃口大开的时候，他们内心才会激起最大的高潮。所以，想做好品牌策划，拍好照片是必须要做到的。虽然餐饮企业专门养一个人来拍照片是不太可能的，但这个工作可以找外包，从店内的菜单设计、海报设计，到宣传视频的拍摄和剪辑，都要非常讲究。

三是一个好的故事。

一个好的故事会为品牌增色不少。当然，讲故事要明确以下三点（见图11-7）：

图 11-7　讲故事需明确的三大要点

比如“花厨”，是一家把职场女性作为目标顾客的餐厅，从装修设计到菜品设计，都围绕职场女性的喜好展开。创始人说，食物要健康、样子要够美，美好可以让人从压力中释放出来。于是，这家餐厅就看起来像一家花店，正是这种温馨的氛围使花厨变成了一个有温度的地方。在这里，人们不断聚集，上演着各种暖心的故事。

四是能谈得来渠道。

策划品牌运营方案，你必须知道应该怎么推广，每个渠道推广的效果怎么样。从营销策略的制定，到营销方式和渠道的组合，都要有明确的方案。方案出来之后，要有具体的实施细节，包括实施步骤、效果考核方式等。

五是玩得了新媒体。

新媒体除了微信公众号、微博，还有今日头条、天天快报等信息流媒体，都是可以运用的平台。每个平台的玩法和规则都不一样，你必须要了解每个平台的规则，且要充分利用好这些规则。另外很重要的就是垂直的行业平台了，像新美大、百度糯米、口碑网等这些平台。不同定位的餐厅对平台的选择需要不一样。

六是搞得来社群。

社群是提高粉丝黏度，增进粉丝跟品牌的感情的重要手段，但社群营销并不是大多数人理解的建个微信群这么简单，涉及IP的打造、互动机制的制定等手段。通过组建品牌互动社群，餐厅可以和粉丝形成良好互动。

七是做得了数据分析。

一个餐厅其实每天产生的数据非常多，如每道菜销量如何、新客户有多少、消费客单价有什么变化等，这就需要多维度进行数据分析。只有挖掘数据背后的原因，才能真正洞悉问题的根源，也才好对运营策略进行针对性的调整。如果说数据分析是枯燥的，那么餐厅运营工作就是创意型的工作，从一句朗朗上口的口号，到各种活动点子，都需要运营者花心思来进行策划。

第十二章

CHAPTER 12

危机公关：不懂公关，谁也救不了你

味千拉面的“骨头汤事件”、金鼎轩的“开水门事件”、黄记煌的“卧底事件”、原味主张的“椰子水勾兑事件”……餐厅危机的发生几乎都是因为一些“潜伏”的小问题，但却让餐厅好不容易积累的良好口碑，瞬间被击打得支离破碎。这也时刻警醒着餐饮人：不懂危机公关，谁也救不了你！

公关做得再好，不如预防得早

如果你还天真地以为，开一家餐厅就是“选址+厨师”那么简单，那就太Out了！因为，在这个过程中，你可能会遇到坑人的房东、黑心的装修公司、屡战屡败的证照审核、专业碰瓷的顾客，甚至还可能与合作伙伴反目成仇……

这一切都是风险源，只要有一个环节处理不当，都可能带来一场危机。所以，有人形容做餐饮如下棋，一定要步步精算，一步错可能步步错，甚至满盘皆输。

于大厨在五星酒店工作多年，后来辞职创业，开了一家餐馆。与上班不同，创业后，他的大部分精力并没有用在厨艺上，而是用在了一些鸡毛蒜皮的小事上。每隔几天，就会有顾客来投诉：

“价钱是怎么算的，凭什么多算我的钱？”

“菜里吃出苍蝇，恶心死了，你说怎么办吧！”

“服务员真不像话，我要投诉！”

或者，经常会有顾客在网上晒单，说于大厨的店这也不好，那也不好。反正，吃了一次感觉特别上当，后面有些网友还要跟着评论一番。

每过几天遇到类似的问题，于大厨头都大了。许多时候，为了息事宁人，他都愿意做出一点赔偿了事。

有次，一个顾客因为不满赔偿金额，在网上说自己在店里吃出了老鼠屎，恶心得3天没有吃东西，人都瘦了一大圈，并配上了图片。于大厨要求对方删帖，并答应给1000元赔偿，对方不同意，开价1万元。于大厨不答应，这件事开始持续发酵，最后还引起了监管部门的注意。事后，真相大白，原来这位顾客是专门来碰瓷的，并且坑过不少商家。虽然自己是清白的，但也因此损失了不少生意。之后，于大厨开始注重危机公关。

餐饮企业的危机公关，不是总在灭火时抢险，而是要建立长效机制，功夫下在平时。即使没有建立危机公关体系，也要预防常见的潜在的风险，尤其要做好以下三方面的风险监控：

一是食品安全方面。

一家餐馆基本上就是一个菜系，而每个菜系有着自己独有的菜品特色、菜品制作原理。但不管餐馆划分为哪个菜系，所销售的食物都必须经历这样一个环节：原料采购环节——原料加工制作环节——食物销售环节。在这个过程中，会不会产生一些食品安全风险呢？答案是肯定的。比如在原料的加工制作环节，如果餐饮服务企业违反原料的搭配规则或者不按照原料的性质乱加工，可能会不同程度影响食品安全。那这种食品安全风险如何防范？详见下图（图12–1）：

原料采购环节

向各类证照齐全的原料供应商采购，拒绝采购变质腐坏的原料

原料加工制作环节

定期或不定期进行培训，提高原料加工水平

食物销售环节

制定严格的售卖制度，把关好食品流通环节

图 12–1　餐饮企业食品安全风险控制三大方法

二是安全事故方面。

作为服务企业，餐馆有时会发生一些安全事故。如服务人员在上菜过程中因过失烫伤顾客，或是后厨人员因为操作不当，引起人身伤害。面对这类风险，一定要做好防范，措施包括（见图12–2）：

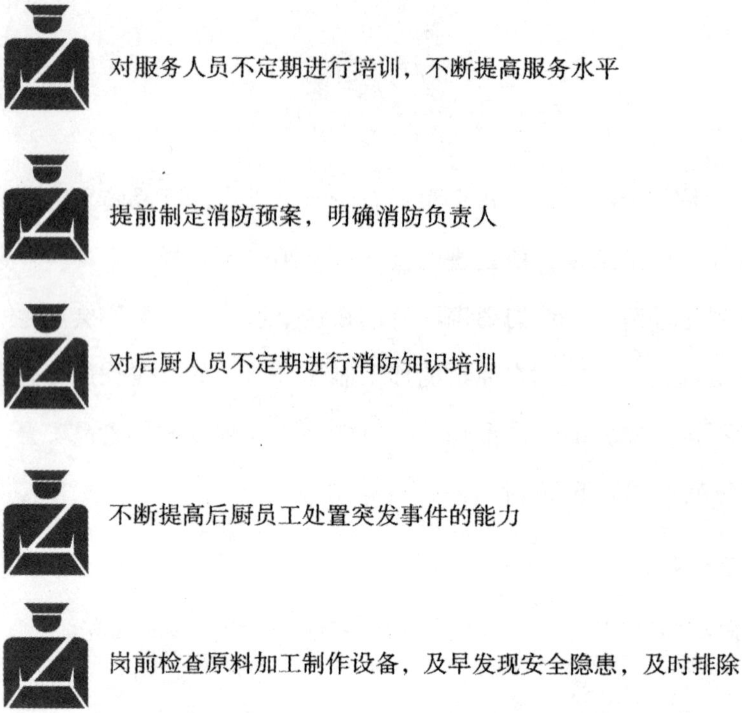

图 12-2　餐饮企业安全事故风险控制五大方法

三是用工风险方面。

劳动者的素质直接决定着企业的经营状态，餐饮企业在招聘和使用员工时一定要注意预防相关风险。如，考虑到企业的用工成本，招聘时可以和员工约定服务期和违约责任条款；对员工不定期进行食品方面知识的培训、考核。

总之，对于各类风险，要做到防患于未然。不要等出了事，再去想办法挽回损失。只有提早预防，才能在第一时间发现危机源头，了解危机动向，对焦点问题进行识别，通过分类、聚类分析，判断其倾向和趋势，从而避免不良消息的传播、扩散，并为做好舆情工作争取时间与主动。

投诉当建议，把“对”还给顾客

在餐饮企业经营过程中，常常会有顾客投诉。出现顾客投诉，表明企业在服务中还有做得不到位的地方，令顾客感到不满意。投诉一旦发生，就需要餐饮企业迅速妥善地处理。若处理不当，不但影响企业形象，而且会造成顾客流失。所以对于顾客的投诉，要学会积极和理智地应对。

优秀的餐饮企业非常重视顾客的投诉，会第一时间积极回应，以打消顾客的疑虑。曾经有顾客投诉麦当劳的某个门店“你们卖的汉堡怎么与广告中的不一样”，店长认真回答了这个问题。她把顾客直接带进了摄影工作室，通过对广告产品拍照的每个细节展示，告诉对方为什么实物和照片不太一样，不是实物有偷工减料，只是在摄影时用了一点小心机，让它看起来更美观而已。这种正面回应的处理方式，在网络上一时广受好评，有网友评论说“此举体现了麦当劳对消费者提出的问题重视的态度”。此外，这个做法还展现了麦当劳的广告制作实力。

现在的顾客越来越挑剔，投诉也是五花八门。有些时候，面对顾客诸如“口感不好”“图片与实际不符”“量变少了”等投诉，餐饮经营者见怪不怪，也懒得花时间去回应。其实，这会留下极大的隐患。

盛夏，一天下午3点多，一位顾客手持用餐小票到位于南京的某餐馆投诉说：“中午在你们这里用过餐，到现在拉过两次肚子了。”

经理问：“你吃过后多久出现不适？”

顾客说：“12点用过餐，之后去了楼上的KTV唱歌，2点就开始拉肚子。”

顾客一口咬定拉肚子是因为吃了不干净的东西。

经理认真倾听他抱怨，让他讲述整个事情的经过，并对他的身体情况表示关心。同时，核对顾客的用餐信息：用餐时间11：48，2人用餐一共4个菜，3个素菜、1个半荤菜“油豆腐烤肉”。顾客说，早饭没有吃，午饭后在KTV喝了2瓶冰镇啤酒；顾客表示，2点以后开始肚子不舒服，腹泻了2次；顾客还说，KTV空调冷气开得很足，确实有点凉。

顾客午餐的菜属于店内常规菜，1个菜品至少要销售给五六十位顾客。在该顾客投诉前，没有接到其他顾客中午就餐后身体出现不适的投诉。顾客午餐后直接去了KTV，在KTV温度很低的环境下待了2个多小时，再加上喝了冰啤酒，不排除是肠胃受凉引起的腹泻。

对此，经理提出解决方案：马上陪同顾客去医院就医，如果检查的结果是因为食品细菌超标导致的腹泻，门店愿意承担相关责任。顾客非常爽快地同意去医院检查，检查结果是：无明显志贺氏菌和大肠杆菌超标。结果出来以后，门店主动提出承担顾客就诊的医药费118元。晚上9点多打电话回访的时候，顾客身体已无碍。

顾客很满意经理的处理方式，并且在网上发了一个帖子，对这家餐馆大加赞扬。之后，他还常介绍一些朋友来就餐。

在日常营业中，遇到顾客抱怨、投诉的时候，不要把顾客都想得那么坏、那么无聊。当然，不否认个别人会抹黑同行，或是找茬、碰瓷，但绝不要因噎废食，要多信任顾客，并尊重和重视顾客的意见和反馈。

一是以正确的态度受理投诉。

顾客之所以前来投诉，一般是顾客在用餐过程中受到了不公正待遇，或是对菜品、服务等感到不满。服务员或餐厅的经营者对投诉要表示出欢迎、开放的态度，不要“老虎屁股摸不得”，见有顾客来投诉，不是说声“对不起”就撒手不管，就是与顾客争辩，证明顾客的错误。如果他们的投诉合理，就把投诉当作建议与意见，如果顾客的投诉不合理，就认真做好顾客的安抚工作。

二是适当表示理解与同情。

顾客前来投诉时，总是有一肚子的话要说。这时，一定不要打断顾客说话，认真倾听他们都说了些什么，当顾客倒完“苦水”，发完牢骚后，不要急着抓住对方说话的漏洞进行“反击”，而要表示出对对方意见的高度重视与尊重，并对他们的一些想法与感受表示理解。如，可以说："您的意见对我们来说很重要，我一定会向上级汇报，我也很理解您的想法与感受，毕竟……"如此，便会很快平息顾客心中的怒火。

三是对问题细节要做好记录。

认真听取顾客投诉的同时要仔细做好记录。一方面表示餐厅对他们投诉的重视，另一方面也是餐厅处理问题的原始依据。记录包括顾客投诉的内容、时间、顾客的姓名等。尤其是顾客投诉的要点，讲的一些细节，一定要记录清楚，并适时复述，以确保双方理解无误，这样做还能缓和顾客的情绪。

四是准确把握顾客的意图。

要处理好顾客的投诉，就要掌握顾客投诉的三种意图：求发泄、求尊重和求补偿。求发泄：顾客在餐厅遇到不愉快的事情，不吐不快，于是前来投诉；求尊重：当顾客感到自己没有被尊重，没有被重视，为了挽回面子，也会找餐厅相关人员"理论"；求补偿：有些顾客为了得到一定的补偿，不管问题大小，都会前来投诉，虽然他们口口声声说"不是为了钱"，但投诉的目的却往往不在于问题本身。针对不同的投诉意图，受理人员一定要有一个准确的把握。

总之，不论顾客是出于什么目的来投诉，都要把它看成是餐厅日后改进工作的一种建议与意见，尽可能以一种低调、务实的态度解顾客之忧，真正让顾客带着抱怨而来、揣着满意而归。

放任网络谣言，分分钟成灾难

在互联网技术和新媒体快速发展的今天，与之相伴的网络谣言也在不断滋生。一则谣言被冠以一个引爆眼球的标题，经过朋友圈，或是一些自媒体的传播，不受时空限制，短时间内就会扩散到每个角落。在众多谣言中，餐饮行业成了谣言的重灾区：

“A餐厅的肉都臭了，还卖给顾客……”

“B餐厅用的是地沟油……”

……

顾客在网上发一个帖子、写一个评价很简单，但是它们产生的影响却可能是十分重大的。所以，好多餐饮企业都非常害怕这种网络暴力。有的破财挡灾“收买”谣言者，有的使尽浑身解数来证明清白。好端端的生意，因为一则谣言而变得风雨飘摇。甚至有些餐馆还因此“被关门”。

网络谣言有三大特点（见图12-3），对出现的谣言，餐饮企业一定要及时做出回应。必要时，应采取法律手段。

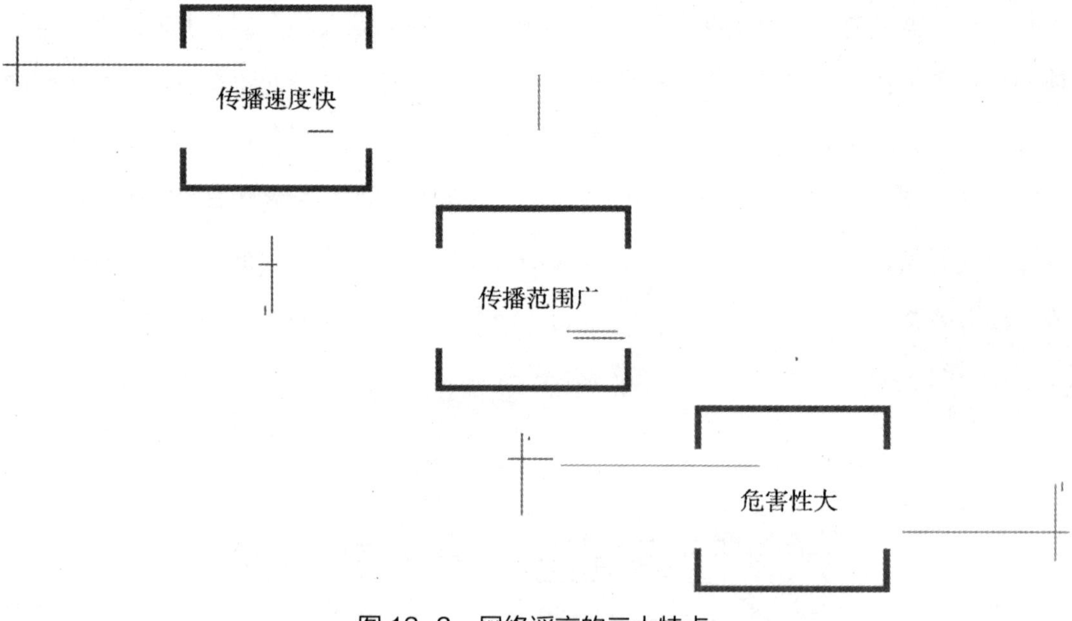

图 12-3　网络谣言的三大特点

有3位顾客吃饭时自带酒水，服务员婉转表达“本店不允许自带酒水”。其中1位顾客急眼了：你给我拿出法律条文来看，国家不允许自带酒水吗？

服务员再次婉转劝说，那个人气呼呼地说：好，不喝就不喝，让我们试试你家的酒有多好喝！于是，他们就点了店里的酒。第2天，客人打电话来说："吃了你们家的菜，我们3个人腹泻，还去了医院，这件事情你们要给我一个说法！"

开始时餐厅以为他们故意找茬，也没太在意，就等着他们提处理建议，到时再赔钱了事。没想到，他们竟然联系了当地一些网站以及公众号，发布消息：某某餐厅菜不干净，怀疑是地沟油，大家一定要监督不良商家！而且还煞有介事地配了图。

消息一发出，一晚就有上万阅读量，瞬间传播开来，这家店的生意因此一落千丈！虽然大家最后都知道这是造谣，但对这家店来说，生意上的损失只能由自己来扛！

网络谣言会像病毒一样传播，而且一些不明真相的人经常会信以为真，当餐饮企业面对网络谣言时，该如何有效应对呢?

一是正面回应，发布声明。

正面回应网络谣言，会让消费者看到餐饮企业的诚意。赢得大家的好感之后，接下来要做的就是发布声明，将"被造谣"的食材采购单、抽检证明等信息公布于众，表明自己一切按照流程标准进货和选用食材，并没有以次充好。这个时候，就算一开始看过造谣信息的消费者有意退钱退卡，大部分人也会持观望态度，并不会在这个时候去凑热闹。

二是借权威之声澄清。

有句话叫"王婆卖瓜，自卖自夸"，没有权威的认可，为自己喊冤是不可信的。在危机发生后，不要自己拿着高音喇叭叫冤，而要请权威人士在前台说话，使消费者解除对餐饮企业的警戒心理，让餐饮企业重获他们的信任。网传海底捞"骨汤勾兑事件"之后，海底捞邀请媒体记者，全程记录其熬制骨汤的过程，正面的视频、照片瞬间布满网络，事件就此暂时画上圆满的句号。

三是确无其事，法律解决。

确定是造谣后，第一时间要报警！报警是对自己的保护，也是对那些造谣者的震慑。曾经，关于肯德基使用激素畸形鸡的传言一直在网上流传。肯德基怀疑遭受网络谣言攻击，于是分别将位于深圳、太原等地几家企业告上法庭，除了要求对方赔礼道歉外，还要求对方赔款共计350万元。不管法院最终给出什么样的判决结果，这种维权的行为，本身就是向外界表达了一种清晰的态度——敢向谣言说“不”，敢于直面各种置疑。

四是真相调查，现场洗白。

不管造谣者出于什么目的污蔑你的餐厅，也不管你心里有多恨造谣者，必要时要做一个工作，那就是把造谣者与媒体、供货商请到餐厅，然后借助媒体联系当地的食品检测中心的工作人员，一起做一场真相调查。这样在引起消费者围观的同时还能洗白餐厅，不失为一举多得。

网络谣言不能完全杜绝，餐饮企业要想反击网络谣言，除了要最大限度地提升透明度，不给造谣者空子可钻，还要对出现的谣言第一时间做出合理的反应，采取积极的措施，从而重新获得消费者的信任。

顾客给差评，要聪明地“怼”

服务员态度稍不好，给个差评！菜上慢了，差评！外卖来得晚了，差评！顾客心里的期望值不断飙升，而餐厅服务和管理却无法跟上，一时间餐饮行业成为差评的重灾区。

要知道，1个满意的顾客会引来17个潜在的顾客，而1个不满意的顾客会影响到17个潜在顾客的光顾意愿。这就是我们说的顾客评价1=17的传播公式（见图12–4）。你是想多得17个顾客还是想失去17个顾客？

1=17

失去1个顾客往往等于失去了17个顾客，而争取到1个顾客，往往会得到17个甚至更多的顾客。

图 12-4 顾客评价 1=17 传播公式

谁家餐厅没有态度不好的服务员？谁家餐厅没有上菜慢的时候？差评就差评！好多餐饮老板都这样想，甚至会放任顾客差评。这种做法很要命！如此下去，餐厅估计离关门也不远了。记住，一个差评可能会毁掉整个餐厅。

张彬大学毕业后，在房地产行业做了5年的策划，积累了一定的资金。后来，他和几个朋友合伙在一个购物中心开了一家时尚的小餐厅。张彬懂得策划和营销，开业活动和节日营销做得不错。开业一两个月，他的餐厅特色饮料和一些精致的简餐受到了年轻人热捧，周围写字楼的顾客还问什么时候可以点外卖。在开业的第3个月，张彬终于将外卖做了起来。印了些宣传单，找人在附近派发，还入驻外卖平台，花钱打广告。

大半个月后，张彬就收到了第1个差评：那天因为下大雨，外卖的4杯饮料近1个小时才到客户手中，并且还倒了2杯。对这个差评，张彬没有及时注意，看到差评的时候已经晚了。新店刚推广就有了1个差评，张彬的店在外卖平台的订单量开始下降。接下来半个月之内，外卖又出现了2次配送问题，差评一下子又多了2个，餐厅的整体评分立马就降了下来。张彬也想到打电话给顾客沟通道歉，让顾客删掉差评，但是他又怕引起顾客反感，毕竟是餐厅出了问题。不得已，他只得让朋友们多写好评将差评压下去。

一家餐厅因为一个差评导致订单下降，这对很多依赖互联网、依赖外卖平台的商家来说是再正常不过的一件事。但是不与第三方平台合作，不做外卖，就不用担心差评了吗？差评口口相传，足以毁掉一个餐厅在消费者心目中的信誉。

差评谁都不想要，那么当餐厅遇到差评该怎么办呢？主要有两种处理方式。

一是对网络差评：回复要快速、精准。

在互联网时代，顾客评价对一些做外卖的小餐厅来说是一个很大的痛点：一个差评很可能会毁掉他们的生意。对待网络差评，或是网上偏负面的评价，餐厅要做出理智的回应（见图12–5）。

（1）实时监测，及时回复。回复差评最需要注意时效性，应快速回复以体现餐厅的诚意，同时向潜在的顾客表明餐厅十分重视顾客的意见。如果能当场为顾客解决问题，95%的顾客以后还会再来消费；如果拖到事后再解决，处理好则会有70%的顾客再次光顾。因此，迅速、及时地处理顾客差评，做好差评补救是消除顾客不满、赢得顾客信任的重要保证。

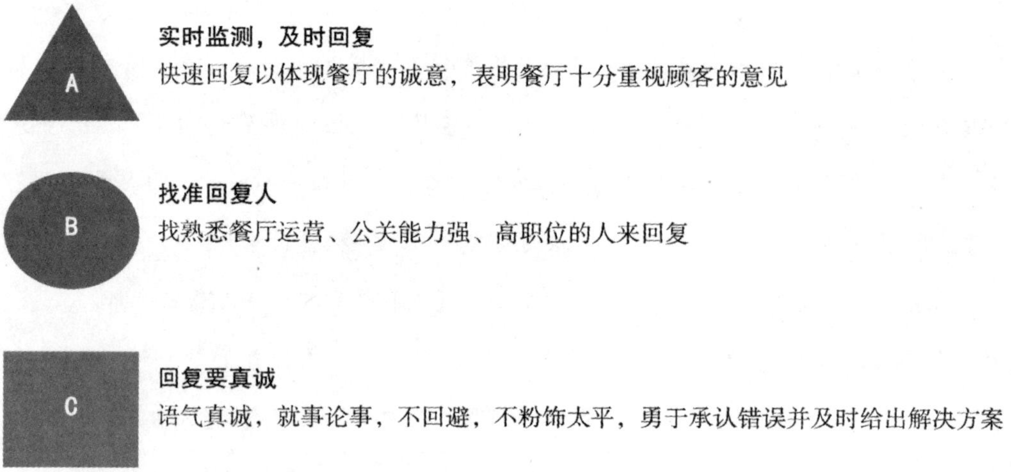

图 12–5　网络差评处理方法

（2）找准回复人。对于差评回复人也需要谨慎挑选，最好是熟悉餐厅整体运营情况、擅长人际交往、应变能力和抗压能力强的人最为合适，并且回复人还需具备较强的语言文字表达能力，能够对差评进行及时、准确、合适的回应。另外，回复人职位越高越能让顾客感受到餐厅对他们的重视，能够对转“黑”为“粉”起到重要作用。

（3）回复要真诚。网上回复一般是文字形式存在的，所有人都可以看得到，所以回复的语气一定要真诚，就事论事，不回避，不粉饰太平。餐饮店要勇于承认问题及不足，并及时想出解决方案并告知顾客。在确保该问题解决了之后，及时把改进效果反馈给顾客，并诚意邀请顾客再次到店体验，欢迎顾客继续为餐厅提建议。

二是对现场差评：处理及时，态度诚恳。

“现场差评”指的是顾客就餐过程中的投诉。如菜品、服务之类的投诉，一定要及时处理，避免事态严重化。比如顾客就餐时因为餐具残破弄伤嘴唇，服务员一定要重视，实事求是地去应对，用诚恳的态度去处理，而不是推脱责任。大部分顾客投诉并不一定是要餐厅怎么样，他们只是心里有一股气，只要让其顺心，基本都能小事化了。至于各种投诉的处理方式，则可依实际情况灵活处理。

正所谓“好事不出门，坏事行千里”，餐厅一个差评，得罪一个顾客，看似事小，但是被传播出去则会成为致命伤。“千里之堤，毁于蚁穴”，一杯水摺倒一个餐厅，一个差评毁掉一家餐厅也并非没有可能。所以，餐厅要重视顾客、爱惜形象，才能做大做强。

面对危机，要用好黄金24小时

近年来，网络上各大餐饮品牌频现信誉危机，从肯德基爆出“苏丹红事件”，到味千拉面的“骨汤门事件”，再到周黑鸭的“罂粟壳门事件”等，各类危机事件频发。越来越多餐饮人开始意识到，在移动互联网年代，网络的传播力量不仅为品牌带来了更好的营销效果，也为危机事件的扩散创造了有利条件。

在餐厅经营中，避免不了会出现某些意外问题。如果这些问题未能被及时地发现并纠正，就被抛出在互联网上，舆论会把事件放大化，对品牌造成不可控制的影响。

2017年7月15日，有网友在网上留言称，自己在“一笼小确幸”用餐后，出现中毒症状。同时，还贴出了医院检查报告，以及举报信息。很快，这个消息就在网络上传开了。面对这则消息，官方未做过公开解释。7月19日，一笼小确幸上海9家店全部关门整改。22日，各平台将其企业信息下架，一度导致网上盛传一笼小确幸已经倒闭的消息，其负责人依旧没有出面解释，没能及时制止谣言的扩散；直到7月23日，一笼小确幸官方微博发文澄清倒闭传闻，但却未对消费者更在意的食品安全问题做出正面回应，大家都认为，这种做法有避重就轻之嫌。

出事后，很多人认为一笼小确幸在经营过程中对食品安全不重视，同时也认为一笼小确幸的危机公关做得很糟糕。我们且不去管一笼小确幸在食品安全管理方面的问题，有一点可以确信的是，它在这件事上得到的最大教训，便是知道了自己在快速应对危机方面的能力不足。

天下武功，唯快不破，成功公关，效率第一。这是公关最重要的法则，餐饮企业要想控制舆论的风向，就一定要和时间赛跑。一般认为，危机公关要遵循危机处理黄金24小时原则，即危机发生后，要把握好3个最为宝贵的时点：突发事件爆发后30分钟、2小时、24小时。头30分钟时点珍贵度超过钻石，2小时时点赛黄金，24小时时点如白银。这3个时间段应该怎么做呢？（见图12–6）

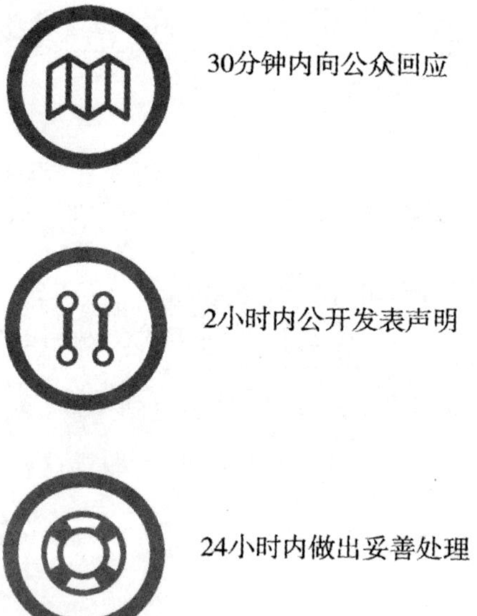

图 12–6　危机处理黄金 24 小时的三大要点

一是 30 分钟内向公众回应。

30分钟，在互联网时代是一个很漫长的过程。应对突发危机，30分钟内必须要作出回应，这样的反应速度体现的是诚心与责任。同时，这样做也比较容易得到消费者的体谅。

2007年，央视3·15晚会报道了诺基亚5500型号手机键盘存在质量问题，容易导致键盘脱落，该事件成为诺基亚该年度最大品牌危机。当时诺基亚的公关团队，在央视曝光后30分钟内发布了公开声明：向受到诺基亚5500型号手机键盘问题影响的消费者诚挚道歉，并承诺为问题键盘提供无偿维修服务，还现场公布了各种处理渠道。

二是2小时内公开发表声明。

危机发生时，不要躲或逃避，更不要抱着破财免灾的态度解决事情。面对问题，一定要淡定，多从自身找原因，梳理事件整个过程，分析背后的原因，然后得出一个让大家信服的结论。之后，要第一时间对外公布，最好在2个小时内。因为危机发生后的2个小时里，公众关注度是很高的，这时做出相应的解释或声明，能让更多人看到企业的态度。

三是24小时内做出妥善处理。

任何危机事件的发生，都会有一个发酵的过程。如果处理不当，舆论就可能被错误地引导。所以，事件发生后，最好在24小时内给出处理措施，不给危机蔓延的机会。

2011年8月22日，信报曝出海底捞存在骨汤勾兑、偷吃等问题，引起社会轩然大波。当天下午15：02，海底捞官网及官方微博发出《关于媒体报道事件的说明》，承认勾兑事实及其他存在的问题，感谢媒体监督，公众基本接受海底捞的态度。8月23日12：00，海底捞官网及官方微博发出《海底捞就顾客和媒体等各界关心问题的说明》就勾兑问题及员工偷吃问题进行重点解释。23日20：00，张勇发长微博主动承担责任，得到了近80%公众的认可与原谅。

纵观整个过程，海底捞的处理不拖泥带水，不推卸责任，各部门也承担起了其该有的责任，且应对动作迅速，态度诚恳，加之平时风评不错，平安度过了对餐饮行业来说如天塌了一样的食品安全危机。

如今，做企业越来越需要重视危机管理。对餐饮业而言，危机无处不在、无时不有，管理难以保证不出现漏洞。一旦出现问题，餐饮人一定要用好黄金24小时，把危机造成的负面影响降到最小，把品牌损失降到最低。

应对有方，危机也能变商机

一天，有网友在某贴吧发帖称，“铜川源碳烤鱼”二次使用烹饪油，娃娃菜不干净。很快，这个帖子被转发。为了避免事态扩大，店方启动应急预案，第一时间采取了如下措施：

（1）在贴吧对该帖子做出了回应。

回应中澄清铜川源碳烤鱼不会也不可能二次用油，同时指出网友说的娃娃菜带泥是不可能的，“就连超市卖的娃娃菜都不带泥的，谁见过带泥的娃娃菜？”，接着通过每月500元的水费说明了店里菜品都是经过流水冲洗，而不是一般餐饮店的水池洗菜。

（2）公布了所有原材料的采购地点及使用数量。

通过这种公布，证明所使用的一切原材料均来自正常的流通途径，同时再次说明该店所使用的油不是二次用油，全部是新油、好油。

（3）开通了新浪微博，建立了与顾客沟通的途径。

如果顾客在就餐时，感觉服务态度差、上菜慢等，可以第一时间联系店方。

（4）邀请10名吧友当源碳烤鱼的卫生监督员。

这10名网友监督员不仅仅是来监督卫生的，还监督有没有二次用油，将来还可以随时进行原料及卫生检查。

沃伦·巴菲特说过一句流传甚广的话：“树立良好的声誉需要20年的时间，而毁掉它，5分钟就足够了。”铜川源碳烤鱼快速出击，不仅第一时间解决了危机，还因此赢得了更多顾客的青睐，取得了很好的效果。这为其他餐饮企业在处理类似事情时提供了一个思路：为了提升处理危机的响应能力，餐饮企业必须制定针对各种危机的处理预案。一般，可以从以下三个方面来组织对策：

一是内部对策。

（1）迅速成立处理危机事件的专门机构。假如企业已成立危机管理小组，可在该小组的基础上增加部分人员。这个专门小组的领导应由企业负责人担任。行政部公关事务人员必须参加，与各有关职能部门的人员组成一个有权威性、有效率的工作班子。

（2）了解情况，进行诊断。成立专门机构后，应迅速而准确地把握事态的发展，判明情况，确定危机事件的类型、特点，确认有关的公众对象。

（3）向传媒人士、社区意见领袖等公布危机事件的真相，表明企业对该事件的态度，并通报将要采取的措施。

（4）危机事件若造成伤亡，一方面应立即进行救护或善后处理，另一方面应立即通知受害者家属，并尽可能提供一切条件，满足其受害者家属的探视要求。

（5）调查引发危机事件的原因，并对处理工作进行评估。

（6）奖励处理危机事件的有功人员；处罚事件的责任者，并通告有关各方。

二是受害者对策。

对于受害者，可从以下五个方面进行应对（见图12–7）：

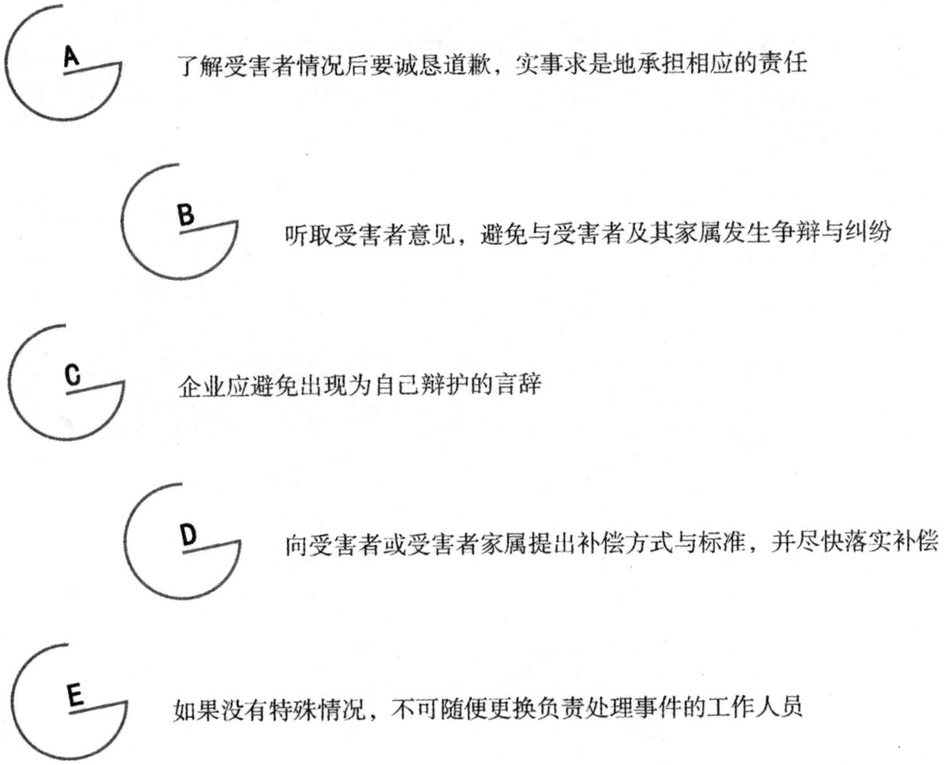

图 12–7　应对受害者的五大方式

三是新闻媒介对策。

对于新闻媒介，可采取以下四种方式应对（见图12–8）：

01 向外界公布危机事件前，公布的内容、措辞、形式等，应事先达成共识

02 为了避免报道失实，对外提供的资料应尽可能采用书面形式

03 公开表明企业的立场和态度，以减少外界的猜测，帮助新闻媒介进行正确的报道

04 事情未完全明了前，不要对事故原因、损失等进行推测，也不要轻易对一些观点表示赞成或反对

图 12–8 应对新闻媒介的四大方式

推荐阅读

一本书把软文营销那些套路拆解到位！

书名： 软文营销实战：
让销量倍增的文案写作套路
作者： 魏星　王惠婷　著
书号： ISBN 978-7-5454-5908-1
定价： 45 元
出版日期： 2018 年 5 月
出版社： 广东经济出版社

360 度打造你想要的花式直播营销！

书名： 直播营销：
互联网经济营销新思路
作者： 高长利　李伟东　郭春光　著
书号： ISBN 978-7-5454-5404-8
定价： 42 元
出版日期： 2017 年 5 月
出版社： 广东经济出版社

系统解读马云叱咤商界的 11 个人生哲学！

书名： 马云：
我的 11 个生存哲学
作者： 申草泥　著
书号： ISBN 978-7-5454-4936-5
定价： 45 元
出版日期： 2017 年 1 月
出版社： 广东经济出版社

系统解读董明珠和格力之谜的实力之作！

书名： 霸气女皇董明珠：
全球最大空调企业格力成长内幕
作者： 魏昕　刘云菲　著
书号： ISBN 978-7-5454-4588-6
定价： 48 元
出版日期： 2017 年 10 月
出版社： 广东经济出版社

推荐阅读

一本书把合伙制那些事儿说清楚！

书名： 合伙制：
重新定义企业的组织形式
作者： 解银坤　著
书号： ISBN 978-7-5454-5402-4
定价： 45 元
出版日期： 2017 年 6 月
出版社： 广东经济出版社

一本书把股权激励那些事儿说清楚！

书名： 股权激励：
融资、融人、融智的零成本秘诀
作者： 陈丰　著
书号： ISBN 978-7-5454-5403-1
定价： 45 元
出版日期： 2017 年 6 月
出版社： 广东经济出版社

比小说更精彩、比教材更易学的创业合伙读本！

书名： 这才叫创业合伙人：
从携程、如家到汉庭的启示
作者： 高慕　著
书号： ISBN 978-7-5454-4761-3
定价： 45 元
出版日期： 2016 年 10 月
出版社： 广东经济出版社

让 80、90 后自动自发工作的秘密！

书名： 咨询式管理：
突破 80、90 后管理困境
作者： 张瑞阳　著
书号： ISBN 978-7-5454-4592-3
定价： 42 元
出版日期： 2016 年 6 月
出版社： 广东经济出版社